왕세자의 입학식

04 키워드 한국문화

왕세자의 입학식

김문식 지음

문학동네

차례

머리말

왕세자, 성균관 유생이 되다

오래전에 있었던 필자의 대학교 입학식 장면을 떠올려본다. 3월 초 다소 쌀쌀한 바람이 부는 날씨에 학교 운동장에서 거행된 입학식이었다. 80년대 초 당시 시국은 어수선한데다 수천 명이 모인 자리여서 그랬는지 식장의 분위기는 무척 산만했다. 한 시간 정도의 기념식을 마치고 운동장 주변에서 가족, 동료 들과 사진 몇 장을 찍는 것으로 입학식은 끝났다. 참으로 허전한 입학식이었다.

필자가 몸담고 있는 대학교의 입학식은 그보다는 나은 것 같다. 서울 시내에 있는 대형 체육관을 빌리고, 예체능 계열의 선배들이 나와서 축제의 한마당을 펼친다. 학부모들이 함께한 자리에서 교수단은 학교의 역사와 미래상을 발표하고, 앞으로 더욱 좋은 대학으로 성장해갈 것임을 홍보한다. 매우 화려한 입학식이다.

이런 입학식에 익숙해 있는 필자에게 왕세자 입학식은 참으로 낯설게 다가왔다. 세종 대 이후로 왕세자나 왕세손으로 책봉된 사람들은 반드시 성균관에서 입학식을 거행했다. 일생의 대부분을 궁궐에서 생활하는 존귀한 지위에 있는 사람들이 굳이 성균관으로 가서 입학식을 거행하는 이유는 무엇일까? 오늘날의 국립대학교에 해당하는 성균관은 어떤 상징성이 있는 장소일까?

게다가 입학생은 왕세자뿐이었다. 한 사람의 입학식을 거행하기 위해 수백 명의 인원이 동원되었고, 한양에 거주하는 수천 명의 백성들은 길거리로 몰려 나와 구경을 했다. 백성의 입장에서 보자면 평생에 한 번 보기 어려운 구경거리인 셈이니, 왕세자는 이들에게 무언가 의미 있는 행동을 보여주려 했다. 왕세자 입학식을 왕세자가 주연, 성균관 박사와 유생 들은 조연, 백성들은 관객이 되는 연극이라고 생각해도 좋겠다. 그렇다면 이날의 주인공인 왕세자는 관객들에게 과연 무엇을 보여주었을까? 아니, 보여주려고 했을까?

왕세자 입학식에 관한 자료는 기록이나 그림의 형태로 많이 남아 있다. 대부분의 자료는 조선 후기에 작성된 것이지만 실록의 기록을 꼼꼼하게 검토하면 조선 전기의 입학식에 대해서도 상당 부분을 복원할 수 있다. 필자는 이런 자료를 바탕으로 조선시대의 왕실교육에 관한 책을 썼고 왕세자 입학식을 주제로 한 논문을 작성하기도 했다. 이 책은 필자가 왕실 교육을 연구하면서 가장 흥미를 느꼈던 왕세자 입학식의 실상을 소개하고 그 의미를 따져보기 위해 쓴 것이다.

필자는 우선 독자들이 옛날이야기를 듣는다고 생각하고 이 책을 가볍게 읽어주기를 바란다. 그렇지만 읽다보면 그냥 옛날이야기로 흘려넘길 수 없는 흥미로운 이야기들이 많을 것이다. 필자는 왕세자가 스승 앞에서 바닥에 엎드려 책을 읽는 장면에서 충격을 받았다. 우리들의 상식이나 오늘날의 강의실 풍경과는 너무 달랐기 때문이다. 국왕은 왕세자가 불편한 것을 염려하여 책상을 제공하자고 제안하기도 했다. 그러나 신하들은 예법에 맞지 않는다며 거절했고 국왕도 더 고집하지를 못했다. 장차 국왕이 될 왕세자를 굳이 꿇어앉혀놓고 가르친 이유는 무엇일까?

독자들이 이 책을 읽으면서 이런 질문들에 대한 해답을 찾아보기 바란다.

2009년 겨울
김문식

1

왕세자의 입학식 풍경

효명세자의 입학식은 매우 성대하게 거행되었다. 어린 세자였지만 복잡한 의식 절차를 늠름하게 수행했고, 스승과 문답한 내용도 일정한 수준을 넘어섰다. 이날의 입학식에는 시강원의 관리들과 성균관에 소속된 유생들이 모두 참석했을 뿐 아니라, 수천 명의 백성들이 길가로 몰려나와 평생에 한 번 보기도 어려운 행사를 구경했다. 실록에서는 이날의 광경을 "구경꾼 모두가 목을 길게 늘이고 손을 모아 송축했다"고 기록했다.

1817년순조 17 3월 11일, 효명세자의 입학식이 성균관 명륜당에서 거행되었다. 효명세자는 순조의 맏아들로 태어나 여덟 살에 왕세자에 책봉되었는데, 입학식을 거행할 때의 나이는 아홉 살이었다. 창덕궁을 출발한 왕세자 일행이 성균관 입구에 도착하자, 궁궐에서부터 성대한 행렬을 이루고 따라왔던 호위대와 의장단은 문밖에 머물렀다. 건물의 안쪽은 성균관 유생들을 위한 공간이었으므로, 왕세자의 수행원들은 건물 안으로 들어갈 수 없었기 때문이다.

구경꾼들이 목을 길게 늘이고 손을 모아 송축했다

가마에서 내린 왕세자는 장막 안으로 들어가 학생복으로 갈아입었고, 시강관侍講官 및 성균관 유생들과 함께 대성전 안으로 들어가 공자를 비롯한 성현들의 신주에 술잔을 올렸다. 여기서 시강관이란 왕세자의 교육을 전담하는 세자시강원에 소속된 관리를 말한다. 대성전에서의 제례 절차가 끝나자 왕세자는 명륜당으로 가서 이날의 스승인 박사에게 가르침을 청했

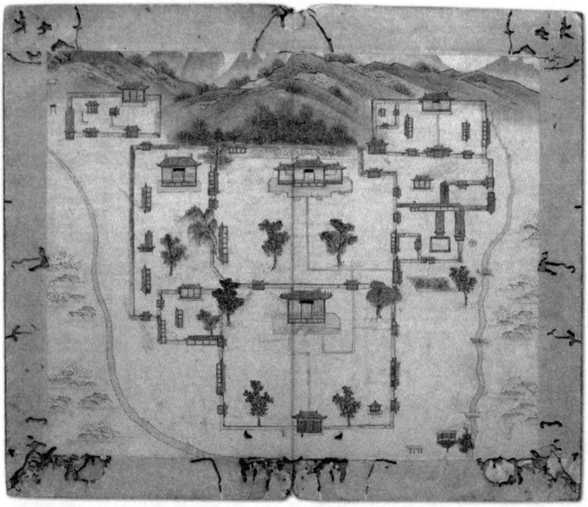

「태학계첩」, 1747, 44.9×27.3cm, 서울역사박물관 소장 | 18세기 성균관의 모습을 그린 것이다.

다. 이날의 박사는 홍문관의 책임자인 대제학 벼슬을 역임한 남공철南公轍이라는 사람이었는데, 그의 부친인 남유용南有容은 정조를 가르친 스승이라는 인연이 있었다.

왕세자 한 명을 대상으로 한 강의가 성균관의 명륜당에서 시작되었다. 평소 세자를 가르쳤던 시강관들이 명륜당 건물의 안에 배석했고, 성균관의 유생들은 명륜당 뜰에 서서 이 장면을 지켜보았다. 강의 교재는 『소학』의 첫머리에 있는 제사題辭, 책의 첫머리에 적은 글 부분이었는데, '오직 성인聖人만이 천성을 보존한 자이다〔惟聖性者〕'라는 구절의 뜻에 대해 왕세자와 스승이 문답을 나누었다.

왕세자: 어떻게 하면 성인聖人이 될 수 있을까요?

남공철: (자리에서 일어나 대답하기를) 저하邸下, 왕세자를 높여 부르던 말의 이 물음은 참으로 종묘사직과 신민臣民들의 복입니다. 세자께서 어린 나이에 입학하여 성인이 될 것을 스스로 기약하는 뜻이 있으시니, 이 마음을 잘 미루어 확충시켜나가시면 요임금도 될 수 있고 순임금도 될 수 있습니다. 지금부터가 시작입니다.

왕세자: "집 안으로 들어와서는 효도하고 집 밖으로 나가서는 공손히 하라"고 했는데, 효도를 하려면 무엇을 먼저 해야 합니까?

남공철: 효도하는 절목을 갑자기 모두 말할 수는 없습니다. 다만 덕을 닦고 착한 행동을 하는 것을 근본으로 삼아야 하니, 부모님의 마음을 기쁘게 하는 것보다 더 큰 것이 있겠습니까? 또한 수신修身, 자신의 몸을 수련함은 제가齊家, 집안을 다스림, 치국治國, 나라를 다스림, 평천하平天下, 천하를 다스림의 근본이 되는 것이므로, 효도하는 큰 근본으로는 이것보다 더한 것이 없습니다.

효명세자의 입학식은 매우 성대하게 거행되었다. 어린 세자였지만 복잡한 의식 절차를 늠름하게 수행했고, 스승과 문답한 내용도 일정한 수준을 넘어섰다. 이날의 입학식에는 시강원의 관리들과 성균관에 소속된 유생들이 모두 참석했을 뿐 아니라, 수천 명의 백성들이 길가로 몰려나와 평생에 한 번 보기도 어려운 행사를 구경했다. 실록에서는 이날의 광경을 "구경꾼 모두가 목을 길게 늘이고 손을 모아 송축했다"고 기록했다.

입학식이 끝나고 시강원 관리로 참석했던 이만수李晩秀는 다음과 같은 시를 남겼다.

문묘대성전에서 세 왕께 예를 드리니	聖廟三王禮
동궁과 성균관에 봄이 왔구나.	离宮泮水春
술 단지를 받든 모습이 엄숙하고	奉樽睿表儼
자리에 올라 글 읽는 소리가 새롭다.	升席講音新
나이 따라 양보하는 것은 주나라의 선비요	齒讓周多士
둘러앉아 듣는 이는 한나라의 빈객이라.	環聽漢人賓
나는 직함을 가지고 태만히 한 일이 부끄럽지만	銜慙曠職暉
축하를 드리는 소리가 궁궐 안에 가득하네.	潤賀滿重宸

이상에서 보듯 왕세자의 입학식은 성균관에서 거행되었다. 그런데 조선시대에는 국가에서 거행하는 의식을 모두 '예禮'라고 표현했으므로 입학식은 '입학례入學禮'라고 불렀다. 예라는 글자는 원래 신을 의미하는 '기示'와 제기를 의미하는 '풍豊'을 합한 것으로 '신에게 지내는 제사'라는 뜻이었다. 따라서 예는 하늘과 땅의 신에 대한 제사와 조상의 혼령에 대한 제사를 비롯한 각종 의식을 의미하는 용어로 사용되다가 후대에는 인간관계의 전반을 규율하는 질서로 그 의미가 확대되었다.

춘추전국시대 유가儒家 계열의 학자인 순자荀子는 예가 필요한 이유를 다음과 같이 말했다.

> 사람에게는 태어나면서부터 욕망이라는 것이 있다. 그런데 이 욕망을 적절히 조절하지 않으면 사람들은 싸움을 해서라도 원하는 것을 손에 넣으려 하게 되고, 사회는 크게 혼란스러워진다. 이 때문에 고대의 제왕은 예禮를 제정하여 각자의 직분에 따라 욕망을 조절하려고 했다.

순자의 말처럼 예란 각 개인에게 부여된 직분에 따라 적합한 행동 규범을 제시하고 이를 실천하게 함으로써 상하 관계로 이루어진 사회질서를 유지하는 수단이었다. 그런데 전통시대에는 이렇게 만들어진 예적 질서를 천지자연의 질서에서 유래한 것으로 설명함으로써 누구나가 반드시 실천해야 하는 원리로 만들었다는 것이 특징이다.

왕세자의 통과의례

왕세자란 장차 천하를 다스리게 될 국왕의 후계자로서, 국왕을 제외하면 가장 높은 지위에 있는 높고도 귀한 존재였다. 그렇지만 조선의 왕세자는 훌륭한 국왕이 되기 위해 수많은 통과의례를 거쳐야 했다. 왕세자가 거

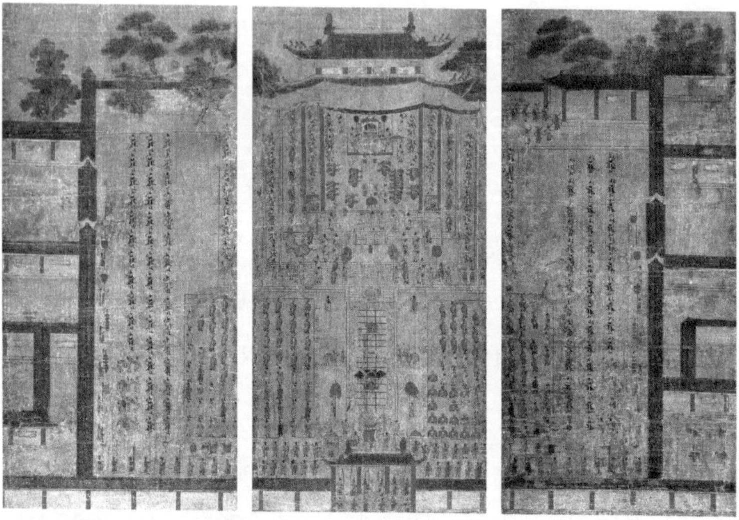

〈문효세자책봉의례도文孝世子册封儀禮圖〉, 1784, 110×421cm, 서울대학교박물관 소장 | 정조 8년(1784) 8월 거행된 문효세자의 책봉의례를 8첩병풍에 그린 기록화이다. 창덕궁 인정전에서의 행사 장면을 화려하고 섬세하게 그린 것으로, 정조 대 궁중행사도의 모습을 잘 보여준다.

쳤던 통과의례에는 책봉례册封禮, 관례冠禮, 가례嘉禮, 성균관 입학례入學禮 같은 것이 있었다. 책봉례는 국왕의 후계자인 왕세자로 결정되는 의식을 말하는데 한 글자를 줄여서 그냥 '책례'라고도 했다. 관례는 오늘날의 성년식에 해당하는데 예전에는 성인이 되면 머리에 반드시 관冠을 썼기 때문에 관례라고 했다. 가례는 오늘날의 결혼식에 해당하는 것으로 왕세자의 배필이 될 세자빈을 선발하여 결혼에 이르는 전 과정을 포함한다. 이 책에서 다루게 될 입학례는 왕세자가 성균관을 방문하여 박사에게 수업을 받는 의식인데, 책봉례나 관례, 가례를 치르는 무렵에 거행되었다. 다만 다

〈성균관친림강론도成均館親臨講論圖〉, 49×111.4cm, 고려대학교 박물관 소장 | 왕이 성균관 대성전에 행차하여 유생들의 공부 상황을 살피고 경서(經書)에 대한 강의와 문답을 실시하는 광경을 그린 것이다.

른 행사는 모두 궁궐에서 거행하지만 입학식은 성균관에서 거행한다는 점이 달랐다.

조선시대에는 성균관에서 거행하는 의식에도 여러 가지가 있었다. 국왕이나 왕세자가 문묘대성전에서 제사를 올리는 문묘향사례文廟享祀禮가 있었고, 성균관 유생들의 학문을 살펴보는 시학례侍學禮가 있었다. 국왕과 신료들이 성균관 유생들에게 시험을 보이고 나서 활쏘기 시합을 벌이는 대사례大射禮가 있는가 하면, 연로한 노인들을 초청하여 잔치를 열어주는 양로례養老禮가 있었다. 이러한 의식들은 모두 성균관의 위상을 높여준다는 데 그 의미가 있었다.

조선시대에는 국왕을 비롯한 왕실 가족이나 고위 관리들이 거행하는 의식의 종류가 매우 많았다. 그중에서도 입학례는 국왕의 후계자인 왕세자가 거행해야 하는 중요한 의식이었다. 지금부터 조선시대의 왕세자가 거행했던 입학식의 다양한 모습을 하나하나 살펴보기로 하자.

2

입학례, 조선 왕실 역사의 축소판

훗날 탁신이 사망하자 왕세자는 스승의 죽음을 애도하며 제문을 지었는데, 이 글에서 입학례를 거행하던 날 탁신의 강의를 언급했다. 고인께서는 마음가짐이 곧고 미더웠으며 처신하는 것이 겸손하고 공손했습니다. 덕망은 재상의 지위에 합당했고, 학문은 유학의 우두머리였습니다. 내가 입학하여 처음으로 공을 스승으로 했는데, 강의하는 것이 적절했고 의리를 철저히 연구했습니다. 내가 표현하지 못하는 것을 계발시키고 나의 어리석음을 열어주었으며, 간절한 가르침은 처음부터 끝까지 학문에 힘쓰게 했습니다.

조선 왕실에서 최초로 입학례를 거행한 것은 1403년태종 3이었다. 당시 조선의 수도는 서울이 아니라 개성이었는데, 태조가 개성에서 조선을 건국한 이후 아직 한양으로 천도하기 이전이었다. 조선 왕실의 입학례는 개성의 성균관에 원자元子의 학궁學宮을 짓는 것에서 시작되었다. 여기서 원자란 태종의 맏아들인 양녕대군을 말한다.

조선 전기의 입학례

1401년태종 1에 태종은 양녕대군을 승려에게 보내 학문을 익히게 하라고 명령했는데, 당시 원자의 나이는 여덟 살이었다. 유학자들은 여덟 살이 되면 오늘날 초등학교에 해당하는 소학小學에 입학시키고 열다섯 살이 되면 대학大學에서 공부하게 해야 한다고 생각했는데, 양녕대군의 나이가 여덟 살이 되었으므로 입학식을 거행해야 한다고 생각했던 것이다. 또한 태종은 승려에게 학문을 배우라고 했는데, 이는 고려시대의 관습이었다. 고려시대에는 불교가 성행했고 승려는 당대의 최고 지식인이었으므로, 승려에게 배우는 것은 곧 최고의 지식인에게 배우는 것이었다.

그러나 태종의 명령에 대해 지신사知申事 박석명朴錫命 등이 반론을 제기했다. 승려들이 아는 것이라고는 문장을 짓는 것이나 한문 문장의 구두句讀를 떼는 정도에 불과하므로 특별히 배울 것이 없다는 것이 이유였다. 박석명은 원자를 성균관으로 보내어 유생들과 함께 학문을 익히도록 하자고 제안했다. 학문의 중심이 불교에서 유교 쪽으로 움직이고 있던 당시의 분위기를 반영한 발언이었다. 태종은 박석명의 건의를 받아들여 성균관 안에 원자가 학문을 익힐 수 있는 학궁을 건설하라고 명령했고, 성균관의 동북쪽 모퉁이에 원자의 학궁이 완성되었다.

성균관에서 원자의 입학식이 거행된 것은 1403년태종 3 4월 8일의 일이었다. 성균관에 도착한 원자양녕대군는 먼저 대성전으로 가서 술잔을 올리는 작헌례酌獻禮를 거행했다. 이때 원자가 직접 술잔을 올린 대상은 문선왕文宣王으로 표현되는 공자와 연국공兗國公으로 표현되는 안자顔子, 추국공鄒國公으로 표현되는 맹자孟子였다. 나머지 신위神位에는 성균관의 유생들이 술잔을 올렸다. 원자 또는 왕세자가 누구에게 술잔을 올려야 하는지에 대해서는 훗날 논란이 있었다.

작헌례가 끝나자 원자는 명륜당으로 이동하여 속수례束脩禮를 거행했는데, 이는 학문을 청하는 학생이 스승에게 예물을 드리는 의식을 말한다. 이날 원자가 스승에게 드린 예물은 비단 한 광주리, 술 한 병, 포〔脩〕 한 소반이었다. 여기서 포란 술안주로 사용하는 말린 고기를 말한다.

성균관 대성전 | 대성전(大成殿)이란 이름에서 '대성'은 공자를 지칭한 것이며, 대성전을 '문선왕묘(文宣王廟)'나 줄여서 '문묘(文廟)'라 부르는 것도 모두 공자에게서 나온 이름이다. 대성전에는 모두 네 등급의 신위가 배치되어 있다. 왕세자는 이곳에서 공자와 네 성인의 신위에 술잔을 올리는 의식을 행했다.

세종 대에 들어와서는 입학례의 의식 절차가 완전히 갖춰졌고, 왕실의 남자들은 모두 입학례를 거행했다. 1421년세종 3 10월 27일에 세종은 경복궁 인정전에서 원자 이향李珦을 왕세자로 책봉했는데, 장차 문종이 되는 인물이다. 세종은 왕세자의 나이가 여덟 살이므로 그해가 가기 전에 입학식을 거행하라고 했다. 그러자 예조에서는 입학례의 의식 절차를 규정한 의주儀註, 나라 전례의 절차를 기록한 책를 준비했고, 왕세자는 광연루에서 입학례 의식을 미리 연습했다.

왕세자의 입학례는 12월 25일에 거행되었는데, 이날의 스승은 성균관

사성司成으로 있던 탁신卓愼이었다. 훗날 탁신이 사망하자 왕세자는 스승의 죽음을 애도하며 제문을 지었는데, 이 글에서 입학례를 거행하던 날 탁신의 강의를 언급했다.

고인께서는 마음가짐이 곧고 미더웠으며 처신하는 것이 겸손하고 공손했습니다. 덕망은 재상의 지위에 합당했고, 학문은 유학의 우두머리였습니다. 내가 입학하여 처음으로 공을 스승으로 했는데, 강의하는 것이 적절했고 의리를 철저히 연구했습니다. 내가 표현하지 못하는 것을 계발시키고 나의 어리석음을 열어주었으며, 간절한 가르침은 처음부터 끝까지 학문에 힘쓰게 했습니다. 부디 장수를 누려 높은 인격을 오래도록 사모할 것이라 생각했었는데 어째서 병환이 들어 이렇게도 갑자기 세상을 떠나셨습니까? 은혜와 의리를 갚으려고 생각해도 보답할 길이 없습니다. 대신 사람을 보내어 변변치 못한 제물을 드리오니, 나의 슬픈 정성을 받아주시기 바랍니다.

세종 대에는 왕자들의 입학례가 거행되었다. 1430년세종 12 5월에는 진평대군 이유李瑈와 안평대군 이용李瑢, 임영대군 이구李璆 등 세 사람의 입학식이 동시에 거행되었다. 이들은 세종과 소헌왕후 사이에서 태어난 둘째, 셋째, 넷째 아들이었는데, 특히 진평대군은 훗날 세조가 되는 인물이었다. 입학식을 마친 세 명의 대군은 종학宗學에 들어가 학문 연마를 계속

〈세조대왕어진영世祖大王御眞影〉, 86.0×136cm, 해인사 성보박물관 소장 | 의자에 앉은 정면상의 어진으로 주인공은 세조로 기록되어 있다. 일반적인 왕의 어진과 달리 특이하게 불교적으로 그려졌다.

했는데, 이는 세종이 왕실의 친척인 종친들을 교육시키기 위해 특별히 설립한 기관이었다. 세종의 네 아들이 입학식을 거행한 후에는 종친들의 입학이 이어졌다. 1436년 4월에 광평대군 이여李璵와 금성대군 이유李瑜가 성균관에 입학했고, 그 다음날에는 화의군 이영李瓔이 입학식을 거행했다. 이여와 이유는 소헌왕후의 소생이었고, 이영은 영빈 강씨의 소생이었다.

세종 대에는 국왕의 손자인 왕세손의 입학례도 거행되었다. 세종은 1448년세종 30 4월에 원손元孫 이홍위李弘暐를 왕세손으로 책봉하고 이내 성균관 입학례를 거행하게 했다. 이때 왕세손은 여덟 살이었는데 훗날 단종이 되는 인물이다. 왕세손의 입학식 절차는 왕세자 때와 비슷했는데, 입학식에서는 예문제학 윤상尹祥이 박사가 되어 『소학』의 제사 부분을 강의했다. 왕세손은 훗날 국왕으로 즉위한 이후 스승에게 특별히 자신의 옷 한 벌을 하사했다. '스승을 높이고 예우하는 것이 제왕의 높은 다스림이라'는 대사헌 권준의 건의를 받아들였기 때문이다. 세종 대에 거행된 왕세손 단종의 입학식은 인조 대에 원손 입학식을 거행할 때 모범적인 사례로 검토되었다.

단종 대에는 수양대군의 맏아들인 도원군 이장李暲의 입학례가 거행되었다. 1439년세종 21에 태어난 이장은 1445년에 도원군에 봉해졌고, 1453년단종 1 4월에 성균관 입학식을 거행했다. 이때 이장의 나이는 열다섯 살이었다. 단종의 입장에서 볼 때 도원군은 사촌동생에 불과했는데, 그의 입학식이 거행된 이유는 부친인 수양대군세조이 조정의 실권을 이미 장악하고 있었기 때문이다. 얼마 후 수양대군은 조카인 단종을 밀어내고 국왕이 되었고 이내 도원군을 왕세자로 책봉했다. 그렇지만 도원군은 세조의 기대를 저버리고 1457년세조 3에 병으로 사망했다.

이후 조선 왕실은 세종 대에 정비된 의식 절차를 준수하면서 입학식을 거행했다. 다만 세조 대 이후 성균관에서 입학식을 거행하는 주인공은 왕위 계승자로 결정된 인물, 즉 왕세자, 왕세제王世弟, 왕위를 이어받을 왕의 아우 왕세손으로 제한되었고 나머지 왕자들의 입학식은 거행되지 않았다.

조선 후기의 입학례

16세기 말, 임진왜란을 겪으면서 국가의 의식 절차를 기록한 책들이 대부분 불타버리고 말았다. 이에 따라 입학례를 거행하는 데에도 큰 문제가 생겼는데, 상세한 절차를 알기가 어려웠기 때문이다. 임진왜란이 끝나자 선조는 입학례의 의식 절차를 재정비하는 일에 관심을 두었고, 1597년선조 30 5월에 왕세자 입학례를 거행했다. 왕세자였던 광해군의 나이는 이미 스물세 살이나 되었는데, 전쟁이 일어나 입학식을 미루어왔기 때문이었다.

임진왜란이 끝난 직후 전쟁의 피해가 어느 정도로 심각했는지를 보여주는 사례가 있다. 1597년 3월에 성균관 대성전문묘에서 제례를 거행할 날짜가 임박했는데 국왕이 착용할 면복冕服, 면류관과 대례복조차 제대로 갖추지 못했다. 사정이 딱하게 되자 국왕의 경연에 참여했던 신설申渫은 명나라에서 면복을 구입해오자고 제안했다. 그렇지만 선조는 이를 거부했다. 국왕의 면복을 외국에서 구입해오는 것은 국가의 체면상 할 수 없다는 것이 이유였다. 임진왜란 직후에는 국가의 최고 지도자인 국왕조차 의복을 제대로 갖출 수 없을 정도였으므로, 다른 관리들의 의복, 제사에 사용하는 그릇이나 음식을 제대로 갖추지 못했음은 물론이다.

선조 대에는 전쟁 이전의 국가 의식을 복구하려는 노력이 계속되었다. 먼저 15세기에 완성된 『국조오례의』의 규정을 준수했는데, 이 책에서 입학식을 주관하는 박사를 지성균관사知成均館事로 규정하자 지성균관사로

순종 황제 | 1882년 순종 황제의 입학식을 마지막으로 조선 왕실에서 전통적인 입학례는 사라진다.

있던 이덕형을 박사로 임명했다. 입학식을 거행한 이후의 행사에 대해서는 1560년명종 15에 있었던 순회세자의 입학식 사례를 조사했는데, 선조는 당시 성균관의 관리나 유생으로 행사에 참석한 사람들에게 물어서 상세한 의식 절차를 갖추라고 명령했다. 그러나 행사 내역을 기록한 책자는 전쟁 중에 모두 사라져버렸고, 『국조오례의』에도 관련 기록이 나오지 않아 많은 어려움을 겪었다.

광해군 대가 되면서 입학례는 정상적으로 거행될 수 있었다. 전란의 후유증을 극복해나가고 있었고 국가 의식을 제대로 거행할 수 있는 경제적 기반이 마련되었기 때문이다. 이때부터 입학식을 거행할 때에는 『국조오

영친왕 | 1910년 대한제국이 멸망하면서 성균관은 더이상 국가의 중추적인 교육기관으로서 기능을 할 수 없었다. 순종 황제의 아우이자 왕세자인 영친왕은 일본으로 건너가 일본식 교육제도에 의한 교육을 받는다.

례의』의 기록과 선왕 대의 사례를 검토했고, 왕위 계승자가 결정되어 여덟 살에서 열 살 정도가 되면 기왕의 관례에 따라 의식을 진행했다. 1882년고종 19 왕세자 순종의 입학례를 거행하기까지 조선 왕실의 입학례는 꾸준히 계승되었다.

1910년 대한제국이 멸망하면서 입학례가 중단되었다. 신식학교가 세워지고 교육과정이 완전히 개편되면서 성균관은 더이상 국가의 중추적인 교육기관으로서 기능을 할 수 없었기 때문이다. 이때부터는 황실의 가족들도 신식학교에 입학했다. 1911년에 순종 황제의 아우이자 왕세자인 영친왕은 일본으로 건너가 학습원 중등과 1학년에 입학했고, 유년학교 예과,

조선시대에 거행된 입학례

일시	국왕	입학자	나이	지위	스승	비고
1403. 4. 8	태종 3	양녕대군	10	원자	성균관 사성 설칭 성균관 사예 김조	개성 성균관
1421. 12. 25	세종 3	문종	8	왕세자	성균관 사성 탁신	
1430. 5. 17	세종 12	진평대군 안평대군 임영대군		대군		세종의 둘째 아들 세종의 셋째 아들 세종의 넷째 아들
1436. 4. 7	세종 18	화의군		군		영빈 소생 첫째 아들
1436. 4. 16	세종 18	광평대군 금성대군		대군		세종의 다섯째 아들 세종의 여섯째 아들
1448. 9. 1	세종 30	단종	8	왕세손	예문제학 윤상	세종의 손자
1453. 4.	단종 1	도원군 (덕종)		군		세조의 첫째 아들
1457. 12. 24	세조 3	예종	8	왕세자	대제학 최항	
1487. 2. 29	성종 18	연산군	12	왕세자	달성군 서거정	
1504. 3. 4	연산 10	세자	8	왕세자	대제학 김감	
1522. 10. 25	중종 17	인종	8	왕세자	대제학 이행	
1560. 9. 12	명종 15	순회세자	10	왕세자	대제학 홍섬	
1597. 5. 16	선조 30	광해군	23	왕세자	지성균관사 이덕형	
1610. 5. 28	광해 2	세자	13	왕세자		
1625. 10. 17	인조 3	소현세자	14	왕세자	대제학 김류	
1645. 10. 12	인조 23	효종	27	왕세자	대제학 이식	
1652. 4. 12	효종 3	현종	12	왕세자	대제학 채유후	
1669. 8. 25	현종 10	숙종	9	왕세자	대제학 조복양	
1695. 3. 12	숙종 21	경종	8	왕세자	대제학 박태상	
1722. 9. 18	경종 2	영조	29	왕세제	대제학 조태억	
1727. 3. 19	영조 3	진종	9	왕세자	대제학 이의현	
1742. 3. 26	영조 18	장헌세자	8	왕세자	대제학 이병상	
1761. 3. 10	영조 37	정조	10	왕세손	대제학 김양택	
1817. 3. 11	순조 17	효명세자	9	왕세자	前대제학 남공철	
1882. 1. 10	고종 19	순종	9	왕세자	대제학 민태호	
1911. 1. 9		영친왕		왕세자		학습원 중등과
1922. 3. 11		덕혜옹주		옹주		경성학교조합

육군중앙유년학교 본과, 육군사관학교, 육군대학교에 차례로 입학했다. 일본 땅에서 일본식 교육제도에 의한 교육을 받은 것이다. 고종 황제의 딸인 덕혜옹주는 1922년에 경성학교조합에 입학했고, 이후 쓰시마 섬으로 건너가 도주島主의 아들과 강제 결혼을 했다. 국가가 멸망하고 학교 제도가 바뀌면서 전통적인 입학례는 사라지고 말았다.

앞의 표는 조선 왕실에서 거행한 입학례 의식을 시간 순으로 정리한 것이다.

중국의 입학례

지금까지 조선시대의 입학례를 살펴보았지만, 입학례 의식을 처음으로 시작한 나라는 중국이었다. 입학례의 기원은 유교 경전의 하나인 『예기禮記』에 있는데, 「왕제王制」편을 보면 '국왕의 태자太子나 왕자王子는 학교에 입학하여 나이 순으로 앉는다〔入學以齒〕'는 구절이 있다. 국왕의 여러 아들이 태학이라는 최고 수준의 학교에 입학을 하게 되면, 국왕의 아들이라는 지위를 고려하지 않은 채 그의 나이가 많은지 적은지만을 따져서 앉는 자리를 정한다는 말이다. 이 기록에 근거하여 조선시대에 성균관에서 왕세자 입학식이 거행될 때 세자는 장차 왕위를 계승할 후계자가 아니라 성균관의 학생이라는 자격에 부합하는 대접을 받았다.

『예기』에는 입학례에 관한 기록이 한 가지 더 나온다. 「문왕세자文王世子」편을 보면 "한 가지 일을 실천하여 세 가지 선〔三善〕을 이루는 것이 바로 왕세자 입학례이다. 사람들은 세자가 입학하여 나이에 따라 양보하는 것을 보면서 부자父子의 도리, 군신君臣의 도리, 장유長幼의 도리를 깨닫게 된다"고 했다. 여기서 세 가지 선이란 부자, 군신, 장유의 도리를 실천하는 것을 말하는데, 백성들이 왕세자가 성균관에 도착한 이후 스승에게 제자로서의 예를 갖추면서 입학하는 의식을 지켜보면서 자신들도 일상생활에서 윤리를 실천할 것을 자극받게 된다는 말이다.

입학례에 관한 기록적 근거는 고대에 작성된 『예기』에서 이처럼 분명하게 나타난다. 그렇지만 중국에서 실제로 입학례를 거행한 사례는 좀처럼 보이지 않는다. 중국사에서 역사 기록이 비교적 명확하게 나타나기 시작하는 것은 춘추전국시대라 할 수 있는데, 우선 진나라와 한나라에서 입학례에 관한 기록이 전혀 나타나지 않는다. 입학례를 거행했다는 기록이 나오는 것은 남북조 시대인 양梁나라이다. 508년천감 7에 양나라 무제武帝의 아들인 황태자皇太子와 황자皇子들이 국학國學으로 표현되는 학교에서 입학례를 거행했다는 기록이 있고, 그로부터 2년 후에는 황태자와 왕후王侯의 자제들 가운데 입학할 나이가 된 사람들이 국학에 입학한 것이 그것이다.

당나라에서도 입학례를 거행했다. 719년개원 7에 당나라 현종의 황태자가 입학례를 거행했고, 732년에 제정된 개원례開元禮에서는 입학례의 의식 절차를 정리한 의주儀註가 갖추어졌다. 개원례란 당나라에서 거행하던 국가 의례를 오례五禮 체제로 정리한 것을 말하는데, 오례는 다섯 가지 의례인 길례吉禮, 흉례凶禮, 군례軍禮, 가례嘉禮, 빈례賓禮로 구성된다. 길례는 오늘날의 제사에 해당하는 의식이고, 흉례는 장례식에 해당하며, 군례는 군대와 관련되는 의식, 가례는 결혼식을 비롯하여 경사스런 의식, 빈례는 외국 사절을 접대하는 의식을 말한다. 입학례는 이상의 오례 가운데 가례에 해당하는데, 중국사에서는 당나라 이후 입학례를 거행한 사례가 더이상 나타나지 않는다.

입학례는 유교 경전의 하나인 『예기』에 기록적 근거가 나타나고, 양나라와 당나라 때는 입학례가 실제로 거행되었다. 그러나 중국사에서 당나라 이후로는 입학례 기록이 전혀 나타나지 않는다. 이에 비해 조선 왕실에서는 건국 초기인 태종 대부터 고종 대까지 꾸준히 입학례를 거행했다. 따라서 입학례는 학문과 예의를 중시했던 조선 왕실의 특징이 잘 나타나는 의식이라고 할 수 있다.

개성의 성균관

한국사에서 인재 양성을 위한 최고의 교육기관은 고구려의 태학太學, 신라의 국학國學, 고려의 국자감國子監을 들 수 있다. 최고의 교육기관에 성균成均이란 이름이 사용된 것은 고려 충렬왕 때인 1298년에 국자감의 후신인 국학을 성균감成均監이라 부르면서부터였다. 충렬왕이 사망하고 충선왕이 즉위하면서 성균감은 성균관成均館으로 불렸고, 공민왕 때에는 국자감으로 환원되었다가 다시 성균관으로 불렸다. 공민왕이 즉위한 초기에 성균관에서는 기술학부가 분리되어 유교학부만 남았고, 이후로 성균관은 유학 교육만 전담하는 교육기관이 되었다.

2005년부터 현대아산에서 주관해온 개성관광 프로그램에는 고려박물관을 방문하는 시간이 있는데, 고려박물관은 바로 공민왕 때 정비된 고려시대의 성균관 건물을 전시실로 활용하고 있다.

개성의 성균관 전경

3

여섯 장의 그림으로 남은 왕세자의 입학식

왕세자는 성균관에 도착하여 학생복으로 갈아입은 다음부터 입학식을 마치고 성균관을 나올 때까지 학생이 스승에게 갖춰야 할 예절을 실천했고, 학생으로서의 대우를 받았다. 왕세자는 격이 낮은 서쪽 계단을 이용하여 오르내렸고, 스승에게 먼저 절을 올렸으며, 수업을 받을 때 책상을 사용하지 못하고 바닥에 엎드려 책을 읽어야 했다. 이러한 의식은 장차 왕위에 오를 왕세자일지라도 유학을 배우는 학생으로서 스승에 대한 예절을 지켜야 하며, 이런 수련을 통해서 학문과 덕망을 갖춘 성군聖君으로 성장할 수 있다고 믿었기 때문이다.

조선 왕실에서 거행한 입학식의 절차는 『국조오례의』와 『국조속오례의보國朝續五禮儀補』에 잘 나타난다. 1475년성종 6에 간행된 『국조오례의』는 조선을 대표하는 국가전례서인데, 왕세자가 성균관에 가서 문선왕文宣王 즉 공자에게 술잔을 올리고 입학하는 절차가 기록되어 있다. 1751년영조 27에 간행된 『국조속오례의보』는 『국조속오례의』를 보완하는 책인데, 여기에는 국왕의 손자인 왕세손이 성균관에 가서 입학하는 절차가 있다. 『국조속오례의』나 『국조속오례의보』는 영조 대에 편찬된 책으로 『국조오례의』가 편찬된 이후 새롭게 정비된 국가전례를 수록한 책이었다. 영조는 조선이 유교식 국가전례를 제대로 집행하는 문화국가임을 널리 알리기 위해 이 책들을 편찬하라고 명령했다.

입학식을 기록한 자료

연대기인 『조선왕조실록』에도 입학식 절차가 상세히 기록되어 있다. 실록에는 1421년세종 3에 거행된 왕세자문종의 입학식에서 시작하여 1882년

실록에 기록된 입학례 절차

차례	연도	국왕	입학자	입학례 절차	비고
1	1421년	세종 3	왕세자	酌獻儀 束脩儀	세종실록
2	1448년	세종 30	왕세손	酌獻儀 束脩儀	세종실록
3	1457년	세조 3	왕세자	謁廟儀 束脩儀	세조실록
4	1727년	영조 3	왕세자	束脩儀 入學儀	영조실록
5	1751년	영조 27	왕세손	入學儀	영조실록
6	1817년	순조 17	왕세자	酌獻儀 束脩儀 入學儀	순조실록
7	1882년	고종 19	왕세자	爵獻儀 束脩儀 入學儀	고종실록

고종 19에 거행된 왕세자순종의 입학식까지 총 7가지의 입학식 절차가 기록되어 있는데, 그 목록은 위와 같다.

입학식 절차가 가장 상세하게 기록된 자료는 『왕세자입학도첩王世子入學圖帖』이다. 이는 1817년순조 17 3월 11일에 거행된 효명세자의 입학식을 기록한 책자인데, 4종의 의식 절차와 6종의 기록화가 수록되어 있다.

조선 왕실의 입학식 절차는 크게 세 가지로 구분할 수 있다. 출궁의出宮儀, 입학의入學儀, 수하의受賀儀가 그것인데, 출궁의는 입학자가 궁궐을 나와 성균관에 도착하기까지의 의식이고, 입학의는 입학자가 성균관에 도착한 이후 치르는 일련의 의식들을 말하며, 수하의는 입학례를 마친 입학자가 궁궐로 돌아와서 문무 관원이나 종친 들의 축하를 받는 의식이다. 입학의는 다시 몇 개의 의식으로 구분해서 볼 수 있다. 첫번째는 작헌의酌獻儀

또는 알묘의謁廟儀라고 하는데, 입학자가 성균관의 대성전(문묘)에 들어가 공자를 비롯한 성현들의 신위에 직접 술잔을 올리는 의식을 말한다. 두번째는 왕복의往復儀인데, 입학자가 명륜당의 문밖에 서서 스승에게 수업을 청하고 문 안으로 들어오는 의식이다. 세번째는 수폐의脩幣儀 또는 속수의束脩儀라고 하는데, 입학자가 스승에게 예물을 올리는 의식이며, 네번째는 입학의入學儀인데 입학자가 명륜당에 올라가서 박사에게 수업을 받는 의식이다. 『왕세자입학도첩』에는 효명세자의 입학식 절차를 〈출궁도出宮圖〉〈작헌도爵獻圖〉〈왕복도往復圖〉〈수폐도脩幣圖〉〈입학도入學圖〉〈수하도受賀圖〉라는 6장의 그림으로 남겨놓았다.

화폭 속 입학식 풍경을 거닐다

1. 궁궐을 나서다: 〈출궁도〉

〈출궁도〉는 효명세자가 창경궁 홍화문을 나와 성균관으로 향하는 모습을 그린 것이다. 행렬의 앞에서 의장을 들고 가거나 왕세자 주변에서 경호를 하는 사람들이 보이는데 이들은 세자익위사世子翊衛司의 관원들이다. 세자익위사는 '계방桂坊'이라고도 불리는데, 왕세자가 행차하는 곳이면 어느 곳이든 따라가서 세자의 신변을 보호했다. 가령 왕세자가 서연書筵, 조선시대에 왕세자에게 경서를 강론하던 자리에서 공부를 하면 익위사의 관리들은 뜰 아래에 서서 경계를 섰고, 왕세자가 국가의 주요한 행사에 참석하면 각종 의장을 들고 따라갔다.. 왕세자에게 말 타기와 활쏘기를 가르치는 것도 익위사 관리들의 임무였다.

앞부분에 위치한 의장 행렬의 중앙에 있는 말에는 짐을 싣고 있는데, 이는 행사의 주인공인 왕세자를 상징하는 인印이다. 효명세자는 나중에 문조文祖 황제로까지 추존되었기 때문에 많은 인이 남아 있다. 그가 왕세자 시절에 사용했던 인으로는 '왕세자인王世子印'과 '효명세자인孝明世子印'이 있는데, 이는 현재 국립고궁박물관에 소장되어 있다.

다음으로 왕세자가 탄 가마 앞에 흑단령 관복을 입은 관리들이 여러 명 보이는데, 이들은 세자시강원에 소속된 시강관들이다. 세자시강원은 왕세자의 학습뿐만 아니라 인격 형성도 책임을 지고 있었는데, 왕세자 한 사람의 교육을 담당하기 위해 20명의 시강관들이 배치되어 있었다. 이런 의미에서 조선시대 최고의 교육기관은 성균관이 아니라 궁궐 안에서 국왕을 키우는 세자시강원이었다.

20명의 시강관 가운데 사師와 부傅, 이사貳師는 국가의 최고위 관료로서 왕세자를 직접 가르치기보다는 스승이라는 상징적 존재에 가까웠다. 이들은 정기적으로 강의에 나가 학습 정도를 점검하는 감독관의 역할을 수행했다. 다음 지위인 빈객賓客과 부빈객副賓客은 강의의 실무 책임자로 직접 강의를 담당하는 경우도 있었지만, 강의의 대부분은 보덕輔德이나 필선弼

춘방 현판, 87×134.5cm, 국립고궁박물관 소장 | 조선시대 왕세자의 교육을 담당했던 세자시강원인 춘방에 걸었던 편액.

善, 문학文學과 같은 당하관 관리 10여 명이 담당했다. 세자익위사의 관원과 마찬가지로 시강관들도 왕세자가 참석하는 국가 행사를 반드시 수행했는데, 이는 왕세자가 복잡한 의식 절차를 원만히 치를 수 있도록 보필하기 위해서였다. 성균관에서 거행하는 왕세자 입학식에 시강관들이 참석한 것도 같은 이유에서였다.

그 다음에는 왕세자가 탄 가마가 보인다. 익선관翼善冠과 곤룡포를 갖춰 입은 왕세자는 홍화문 밖에서 궁문까지는 작은 가마인 여輿를 타고 이동했고, 궁문 밖에서 성균관까지는 큰 가마인 연輦을 타고 이동했다. 왕세자가 도착할 시각이 되면 성균관의 관리와 유생 들은 도로 왼편으로 나와서 도열해 있었고, 왕세자가 지나가면 선 자리에 엎드려 있다가 일어났다.

2. 공자님께 술잔을 올리다: 〈작헌도〉

〈작헌도〉는 효명세자가 성균관 대성전에 있는 공자와 네 성인의 신위에 술잔을 올리는 모습을 그린 것이다.

그림의 중앙에 보이는 건물이 대성전인데, 대성전에는 모두 네 등급의 신위가 배치되어 있다. 첫번째는 공자의 신위로 중앙의 북쪽 벽 앞에 모셔져 있다. 공자의 신위에는 '대성지성문선왕大成至聖文宣王'이라 기록되어 있는데, 이는 공자가 당나라 현종 대인 739년에 문선왕文宣王으로 봉해졌기 때문이다. 노나라에서 사구司寇 벼슬을 한 공자이지만 국왕의 반열에 오른 것이다. 대성전大成殿이란 이름에서 '대성'은 공자를 지칭한 것이며, 대성전을 '문선왕묘文宣王廟'나 줄여서 '문묘文廟'라 부르는 것도 모두 공자에게서 나온 이름이다.

두번째는 배향위配享位로서 공자를 모신 아래쪽의 동쪽과 서쪽 벽에 위치하는데, 여기에는 공자의 제자인 네 성인 즉 안자, 증자, 자사, 맹자의 신위가 있다. 이들은 유학자들이 공자 다음으로 존경하며 그들의 행적을 본받으려고 하는 인물들이다.

세번째는 종향위從享位로서 네 성인의 신위가 있는 바깥쪽 동쪽과 서쪽에 있는 익실翼室에 위치하는데, 여기에는 공자의 제자인 10인의 철인哲人과 송나라의 성리학자 6인을 합하여 총 16인의 신위가 있다. 대성전의 제도는 당나라에서 시작되었는데, 중국에서는 동익실과 서익실에 각각 5인씩 총 10인의 철인만 종향하는 것이 원칙이었다. 그러나 조선에서는 1714년숙종 42에 송나라의 성리학자 6인주돈이, 정호, 정이, 소옹, 장재, 주희을 추가했는데, 유학 중에서도 특히 성리학을 중시하던 조선인의 의도를 반영한 것이다.

네번째는 종사위從祀位로서 이는 대성전 마당의 동서에 지은 줄행랑인 동무東廡와 서무西廡에 있다. 여기에는 중국과 조선의 학자 112인의 신위가 모셔져 있는데, 조선의 학자는 동무에 9인, 서무에 9인 총 18인의 신위가 포함되어 있었다. 조선시대에는 유명한 학자가 세상을 떠나면 그 신위를 대성전, 즉 문묘의 종사위에 모시려는 '문묘종사文廟從祀' 논의가 활발하게 일어났는데, 문묘에 종사되면 공자로부터 시작되는 유학의 학문적 정통성을 계승한 것으로 인정을 받았기 때문이다.

성균관에 도착한 효명세자는 우선 학생복청금복靑衿服으로 갈아입었다. 그리고 대성전의 동쪽 문을 통해서 마당으로 들어가며 동쪽 계단을 통해서 대성전 안으로 올라갔다. 그림을 보면 세자가 이동하는 경로는 모두 노란색으로 표시되어 있는데, 붉은 상 위에 물 단지가 놓여 있는 곳은 세자가 손을 씻는 장소이다.

대성전에서 효명세자는 제일 먼저 공자의 신위 앞에서 향불을 피우고 술잔을 올렸으며, 이어서 안자, 증자, 자사, 맹자의 신위 앞에서 똑같은 의식을 진행했다. 그림에서 중앙에 노란색으로 표시한 5개의 자리는 효명세자가 술잔을 올리는 자리를 표시한 것이고, 세자가 술잔을 올릴 때에는 시강관과 성균관 유생 들이 그 곁에서 보좌했다. 동익실과 서익실에 모셔진 16인과 동무와 서무에 모셔진 112인에 대한 제사도 이와 동시에 진행되었다. 이들에게 술잔을 올리는 절차는 왕세자가 네 성인에게 술잔을 올리는 의식이 끝날 무렵에 시작되었는데, 성균관에 소속된 유생들이 128인의 신위를 분담하여 술잔을 올렸다.

3. 왕세자와 스승 사이를 왕복하다: 〈왕복도〉

〈왕복도〉는 효명세자가 명륜당에서 스승에게 수업을 청하기 위해 준비하는 모습을 그린 것이다. 대성전에서 작헌례를 마치고 나온 왕세자는 잠시 휴식을 취한 다음 보덕의 인도를 따라 명륜당 대문의 동쪽에 서서 서쪽을 본다. 이때 왕세자의 서쪽에는 폐백모시 3필 한 광주리, 두 말〔斗〕 분량의 술 한 병, 안주용 육포 다섯 묶음이 놓인 상이 순서대로 차려진다. 이때 스승이 되는 박사는 붉은색 공복公服을 입고 집사자의 안내를 따라 명륜당 동쪽 계단 위에서 서쪽을 향해 선다.

이 상태에서 문밖에 서 있던 효명세자는 문 안에 있는 스승에게 가르침을 청한다. 이때 두 사람 사이를 오가면서 상대방의 말을 전달하는 사람을 '장명자將命者'라 하는데, 성균관의 유생 가운데 모범생이 선발되었다.

장명자: 감히 행사行事, 의식을 거행함를 청합니다.

왕세자: 저는 선생에게 수업을 받고자 합니다.

박사: 저는 부덕不德한 사람이므로 왕세자께서 욕됨이 없기를 바랍니다.

왕세자: 다시 청합니다.

박사: 저는 부덕한 사람이므로 왕세자께서 자리에 오르시면 제가 감히 뵙겠습니다.

왕세자: 저는 감히 빈객賓客으로 만날 수 없으니 뵙도록 허락하여 주십시오.

박사: 저는 사양해도 허락을 받지 못했으니 명을 따르지 않을 수 있겠습니까?

세 차례 요청 끝에 마침내 스승의 허락을 받은 효명세자는 보덕의 안내를 받아 명륜당 마당으로 들어선다. 당나라 개원례에서 황태자는 폐백을 직접 들고 학당으로 들어갔고, 15세기에 완성된 『국조오례의』에서도 왕세자가 폐백을 들고 가는 것으로 나온다. 그런데 효명세자는 폐백 광주리를 잠시 들었다가 집사자에게 돌려주어 들고 가게 했는데, 절차상 미묘한 변화가 나타나는 부분이다.

그림을 보면 동쪽 문밖에 효명세자가 서 있던 자리와 세자가 이동하는 경로가 노란색으로 표시되어 있다. 동쪽에 붉은색 공복을 입고 기다리는 사람이 스승인데, 효명세자가 들어오는 것을 보고 오른쪽 계단을 내려와 서쪽을 보면서 서 있는 상태이다.

입학식에서 스승은 동쪽 계단을 이용하고 왕세자는 서쪽 계단을 이용하는데, 동쪽이 우위에 속한다. 해가 뜨는 동쪽은 양陽, 해가 지는 서쪽은 음陰에 해당하는데, 스승이 동쪽에 있고 왕세자가 서쪽에 있는 것은 스승이 왕세자보다 우위에 있음을 보여준다.

4. 스승에게 예물을 드리다: 〈수폐도〉

〈수폐도〉는 효명세자가 스승에게 예물을 드리는 모습을 그린 것이다. 예물을 든 집사자들과 함께 온 효명세자는 계단 아래에서 스승을 마주한 다음 서쪽 계단을 통해 위로 올라가고, 스승은 동쪽 계단을 통해 위로 올라간다. 효명세자가 폐백이 든 광주리를 받은 다음 무릎을 꿇고 스승에게 두 번 절을 하면, 스승도 이에 대한 답례로 두 번 절을 한다. 왕세자가 먼저 절을 하고 스승이 답배하는 절차는 스승이 왕세자보다 우위에 있음을 의미하는 의식이다.

왕세자는 무릎을 꿇은 채 폐백 광주리와 술, 안주가 놓인 상을 받아 차례로 스승에게 올리고, 스승도 무릎을 꿇고 이를 받아 집사자에게 넘긴다. 예물을 모두 바친 효명세자는 보덕의 안내를 받아 명륜당을 향해 두 번 절을 한 후 편차便次에 들어가 잠시 휴식을 취한다.

그림을 보면 계단 위의 서쪽에 효명세자의 자리가 표시되어 있고, 동쪽에 있는 스승에게 집사자들이 술병과 육포를 전달하는 장면이 나온다. 시강관들이 엎드려 있는 뒤쪽에는 작은 천막이 있는데, 왕세자가 휴식을 취하는 편차이다.

5. 스승에게 교육을 받다: 〈입학도〉

〈입학도〉는 효명세자가 스승에게 교육을 받는 모습을 그린 것으로, 이 행사의 핵심 장면이다. 예물을 받은 스승은 공복을 벗고 흑단령으로 갈아입은 다음 명륜당으로 나아가 동쪽 벽에서 서쪽을 향해 앉는다. 왕세자는 서쪽 계단을 통해 스승 앞으로 나아가며 서쪽에 임시로 마련된 자리에 앉는다. 이때 스승은 책상 위에 책을 펴놓고 강의를 하며, 왕세자는 바닥에 엎드려 책을 보았다. 스승이 동쪽에 앉아 책상을 사용하는 반면에 왕세자는 서쪽에 꿇어 앉아 바닥에 엎드리는 것은, 스승이 왕세자보다 우위에 있음을 의미하는 의식이다.

강의가 시작되면 스승은 문장의 음을 읽고 뜻풀이를 해주었으며, 효명세자는 이를 따라서 읽었다. 이날의 교재는 『소학』이었는데, 왕세자는 어떻게 하면 성인聖人이 될 수 있는가를 물었고 스승인 남공철은 성인이 될 것을 목표로 하고 효도를 실천하라고 가르쳤다. 강의가 끝나자 집사자가 나와서 책상과 책을 물렸고, 보덕은 왕세자를 인도하여 서쪽 계단을 통해 밖으로 나왔다.

그림을 보면 동쪽에 흑단령을 입은 스승이 앉았고, 서쪽 세자의 자리에는 책이 바닥에 놓여 있다. 세자의 뒤편에 엎드려 있는 사람들은 왕세자를 수행한 시강관들이다. 명륜당의 뜰에는 성균관 유생들이 둘러서서 왕세자가 교육받는 장면을 지켜보고 있다.

6. 입학식을 마치고 축하 인사를 받다: 〈수하도〉

〈수하도〉는 효명세자가 입학례를 마치고 궁으로 돌아와 축하 인사를 받는 장면을 그린 것이다. 왕세자가 원유관遠遊冠, 검은 비단에 오색 옥을 붙여 만든 관과 강사포絳紗袍, 붉은 예복를 갖추고 좌석에 앉으면, 그 주변을 세자익위사 관리가 둘러섰다. 왕세자의 측근 호위는 통상 운검雲劒, 의장에 쓰던 큰 칼을 찬 2명과 활과 화살을 찬 2명이 담당했는데, 입학식이 진행되는 동안 이들은 행사장 안으로 들어가지 못하고 밖에서 머물던 것과는 상황이 바뀌었다.

종친과 2품 이상의 문무관원이 행사장으로 들어오면 효명세자는 동쪽 계단에 서서 이들을 맞았고, 이들이 서쪽 계단을 통해 방 안으로 들어와 두 번 절을 올리면 왕세자는 답배로 두 번 절했다. 입학례에서 왕세자는 서쪽 계단을 이용하고 스승에게 먼저 절을 올렸지만, 이제는 동쪽 계단을 이용하고 절을 먼저 받고 답례를 하는 것으로 위치가 바뀌었다.

신하들이 올리는 치사致詞, 임금에게 올리던 송덕의 글를 대독하는 관리가 방 안에서 치사를 읽으면, 왕세자는 신하들과 함께 꿇어앉아 들었다. 치사

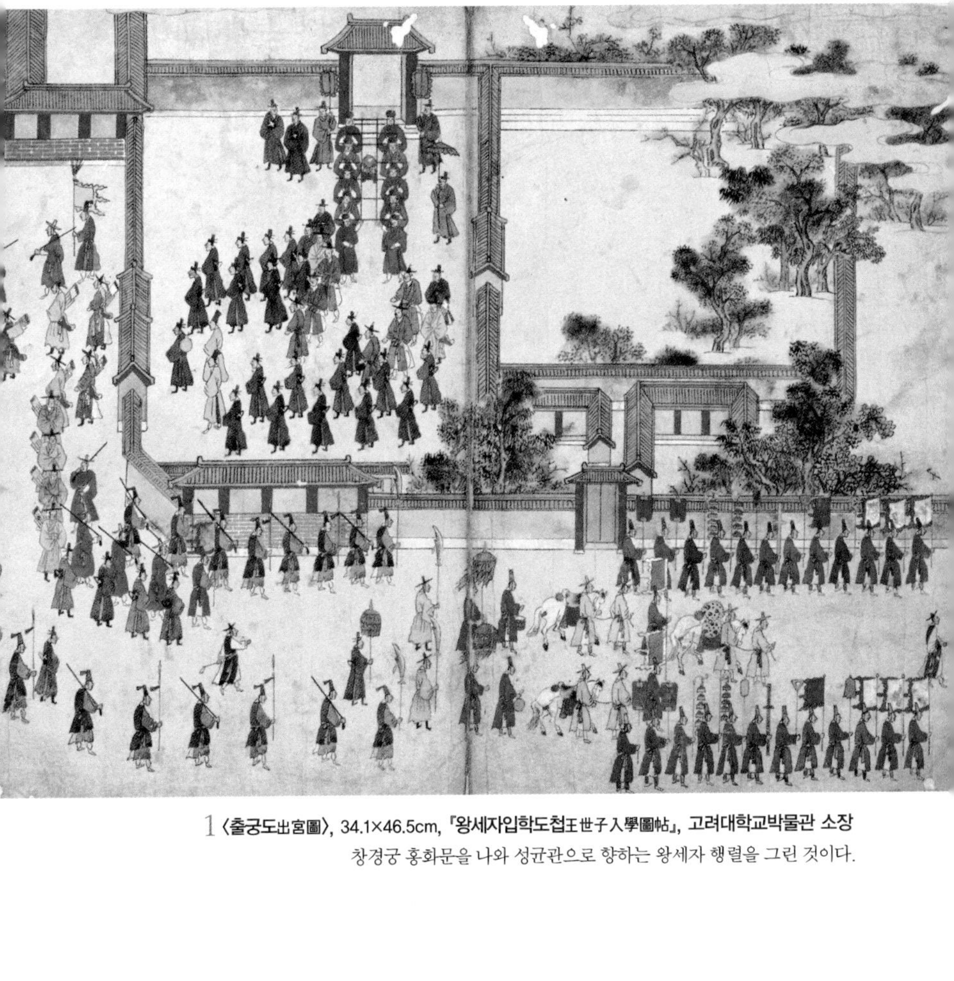

1 〈출궁도出宮圖〉, 34.1×46.5cm, 『왕세자입학도첩王世子入學圖帖』, 고려대학교박물관 소장
창경궁 홍화문을 나와 성균관으로 향하는 왕세자 행렬을 그린 것이다.

2 〈작헌도酌獻圖〉, 34.1×46.5cm,
『왕세자입학도첩』,
고려대학교박물관 소장
왕세자가 입학례를 치르기 전 공자에게 술잔을 올리는 의식을 그린 것이다.

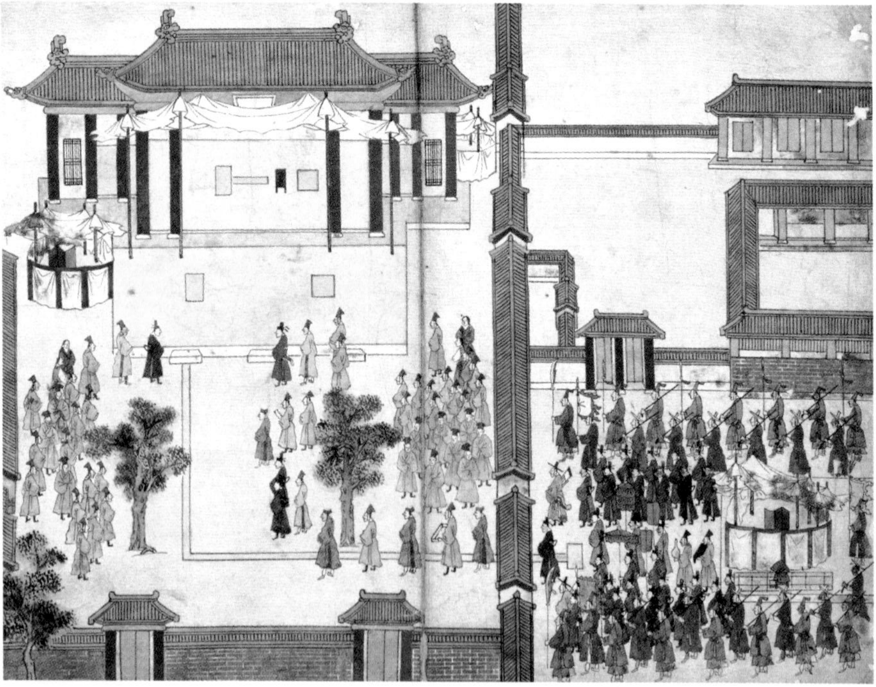

3 〈왕복도往復圖〉, 34.1×46.5cm, 『왕세자입학도첩』, 고려대학교박물관 소장
왕세자가 박사에게 수업받기를 원하고 박사가 이를 수락하여 명륜당 뜰 내로 들어오게 되는 과정을 그린 것이다.

4 **〈수폐도脩幣圖〉**, 34.1×46.5cm, **『왕세자입학도첩』, 고려대학교박물관 소장**

박사에게 여러 가지 예물을 드리는 장면을 그린 것이다.

5 〈입학도入學圖〉, 34.1×46.5cm,
『왕세자입학도첩』,
고려대학교박물관 소장

예물 바치는 일을 끝낸 후, 왕세자가 명륜당에서 박사에게 교육을 받는 장면을 그린 것이다.

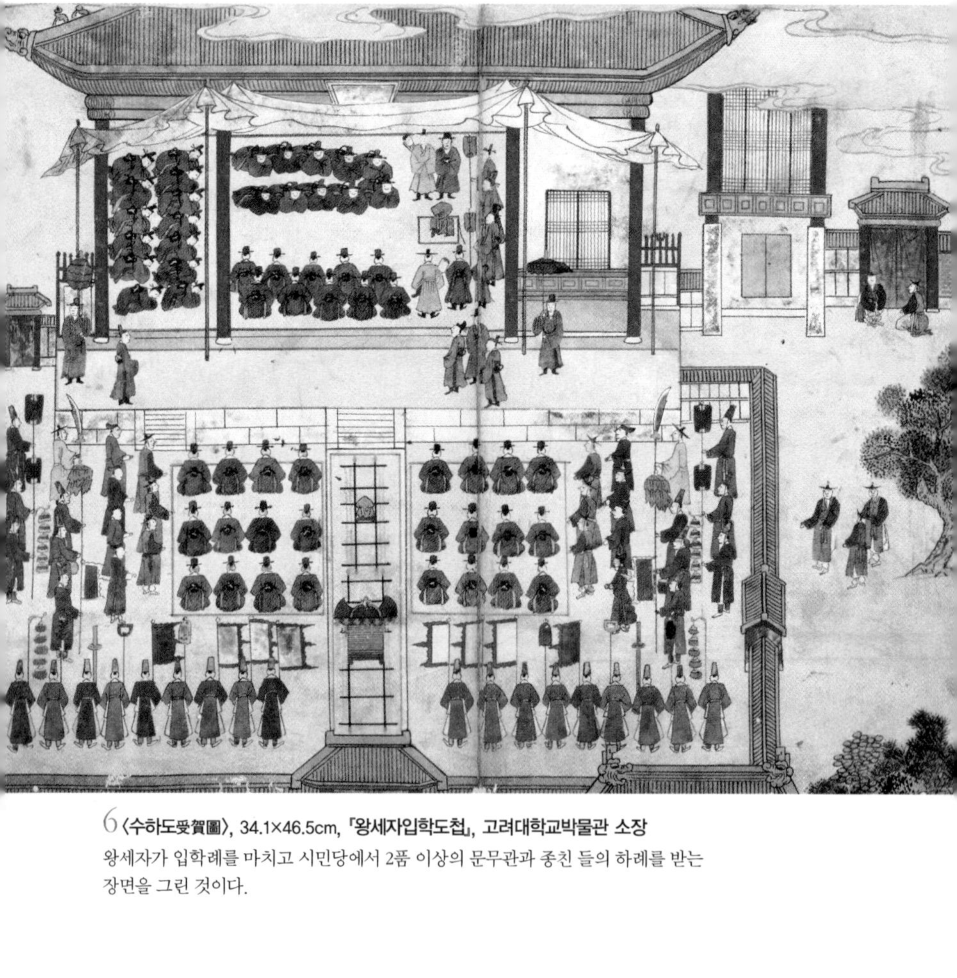

6 〈수하도受賀圖〉, 34.1×46.5cm, 『왕세자입학도첩』, 고려대학교박물관 소장

왕세자가 입학례를 마치고 시민당에서 2품 이상의 문무관과 종친 들의 하례를 받는 장면을 그린 것이다.

의 낭독이 끝나면 종친과 관원들은 왕세자에게 다시 두 번 절했고, 왕세자는 답배를 했다. 다음으로 3품 이하의 관원들이 뜰에서 두 번 절을 올리는 것으로 행사는 끝이 났다.

그림을 보면 효명세자는 시민당時敏堂 건물에서 축하 인사를 받고 있는데, 시민당은 평소 왕세자가 학문을 익히던 장소이다. 뜰의 중앙에는 왕세자가 타고 이동했던 가마 두 채가 놓였고, 뜰 바깥쪽에는 왕세자와 함께 이동했던 의장대가 둘러서 있다. 이중 시민당 안에 들어간 사람은 2품 이상의 고위 관원이고, 마당에 앉은 사람은 3품 이하의 관원이다. 이 장면에서 왕세자는 장차 왕위를 계승할 존귀한 지위에 있는 사람으로 복귀했다.

지금까지 『왕세자입학도첩』에 나오는 6장의 그림을 중심으로 왕세자의 입학식 절차를 살펴보았다. 이를 보면, 왕세자는 성균관에 도착하여 학생복으로 갈아입은 다음부터 입학식을 마치고 성균관을 나올 때까지 학생이 스승에게 갖춰야 할 예절을 실천했고, 학생으로서의 대우를 받았다. 왕세자는 격이 낮은 서쪽 계단을 이용하여 오르내렸고, 스승에게 먼저 절을 올렸으며, 수업을 받을 때 책상을 사용하지 못하고 바닥에 엎드려 책을 읽어야 했다.

이러한 의식은 장차 왕위에 오를 왕세자일지라도 유학을 배우는 학생으로서 스승에 대한 예절을 지켜야 하며, 이런 수련을 통해서 학문과 덕망을 갖춘 성군聖君으로 성장할 수 있다고 믿었기 때문이다. '인륜을 밝힌다明人

倫'는 뜻을 가진 명륜당에서 왕세자가 학생의 신분으로 스승에게 갖춰야 할 예절을 지킨 것은 명분과 실질이 잘 부합하는 의식이었다.

조선의 왕세자 입학식 절차를 중국과 비교해보면 큰 차이는 보이지 않는다. 폐백의 분량이 5필에서 3필로 줄어들고, 안내하는 관리가 상자에서 보덕으로 바뀌었으며, 입학자와 스승의 대화가 좀더 정중해졌을 뿐이다. 그러나 강의 장면에서는 많은 차이가 있었다. 개원례에서 황태자는 강의실로 갈 때 가마를 타고 이동했고, 강의실에서 최고위의 스승을 제외하고는 모두가 절을 올렸는데, 조선에서는 이런 절차가 없었다. 또한 개원례에서는 다수의 스승이 역할을 분담하여 강의를 진행했지만 조선에서는 박사 1인이 모든 것을 담당했다. 조선의 왕세자는 당나라의 황태자보다 더 철저하게 학생 대접을 받았다고 할 수 있다.

왕세자 이외의 왕실 가족, 즉 왕세손이나 대군, 군의 입학식도 왕세자와 같은 방식으로 진행되었다. 스승의 위상이 조금 낮아지고 수행하는 관리들의 소속에서 차이가 있는 정도를 제외하면 조선 왕실의 입학식 절차는 대부분 일치했다.

왕세자는 몇 살에 입학할까?

입학식을 거행하는 입학자의 나이에 대해서는 논란이 있었다. 중국의 고전에서는 소학교에 입학하는 나이에 대해 8세설과 13세설이라는 두 가지 주장이 있었다.

먼저 8세설은 『대대례戴大禮』의 기록을 근거로 하여 『백호통白虎通』에서 주장한 것이다. 남송시대에 주희는 이 설을 수용하여 『대학장구大學章句』의 서문에서 "8세에 소학小學에 입학하고, 15세에 대학大學에 입학한다"고 하였고, 주자학을 중시했던 조선의 유학자들은 이를 정설로 보았다.

> 사람이 태어나 8세가 되면 왕공王公 이하 서민의 자제까지 모두 소학에 입학시켜 물 뿌리고 비질하며, 사람을 응대하고 자리에 나아가고 물러나며 절하는 법과 예악사어서수禮樂射御書數로 이뤄진 육예六藝의 교양을 가르쳤다. 15세가 되면 천자의 원자元子, 맏아들와 중자衆子, 맏아들 이외의 모든 아들로부터 공경대부公卿大夫와 원사元士의 적자適子, 백성 가운데 준수한 자에 이르기까지 모두 대학에 입학시켜 만물의 이치를 궁구하고 마음을 바로잡으며, 자신을 닦고 남을 다스리는 도리를 가르쳤다. 이에 따라 학교 교육의 크고 작은 절차가 나뉘었다.

한편, 13세설은 『상서대전尙書大全』에서 나온 것으로 "13세에 소학에 입학하고 20세에 대학에 입학한다"고 했다.

공경公卿의 태자, 대부大夫와 원사元士의 적자適子는 13세가 되면 처음으로 소학에 들어가 작은 절차를 보고 작은 의리를 실천한다. 20세가 되면 대학에 들어가 큰 절차를 보고 큰 의리를 실천한다. 따라서 소학에 들어가면 부자父子의 도리와 장유長幼의 순서를 알게 되고, 대학에 들어가면 군신君臣의 의리와 상하의 지위를 알게 된다.

조선 초에는 주희의 설을 따라 왕실에서는 모두 8세에 입학식을 거행했는데, 문종이나 단종, 예종이 이에 해당한다. 그런데 성종 대에는 왕세자인 연산군의 나이가 10세가 되었지만 성종은 입학식의 일자를 자꾸 뒤로 물렸다. 이전까지는 8세에 입학식을 하는 것이 관례였지만 왕세자의 기질이 다르므로 의식을 제대로 거행하기 어렵다는 것이 그 이유였다. 해가 바뀌자 성인식에 해당하는 관례冠禮에 대한 논의가 있었는데, 옛 제도에서 천자나 제후는 12세에 관례를 거행한 선례를 따라 왕세자가 12세가 되는 1487년성종 18에 관례를 거행하고 나서 입학식을 거행하는 것으로 결정했다. 결국 왕세자 연산군은 12세가 되던 해에 관례를 거행하고 이어서 입학식을 거행했다. 성종은 왕세자가 입학식의 복잡한 의식을 제대로 거행하려면 8세라는 나이는 너무 어리다고 판단했던 것이다.

인조와 현종도 입학식의 나이를 8세 이후로 미룬 국왕이었다. 1648년인조 26에 신하들은 원손인 현종의 나이가 8세가 되었으므로 입학식을 거행해야 한다고 주장했다. 그렇지만 인조는 천천히 거행하자고 이를 거절했다. 1668년현종 9에는 왕세자 숙종이 8세가 되므로 입학식을 거행하자는 논의가 나왔으나 현종도 1년 정도를 물리더라도 큰 문제는 없다고 하면서 이를 받아들이지 않았다. 결국 현종은 12세, 숙종은 9세가 되어서야 입학식을 거행했다.

조선의 국왕들은 주희의 '8세 입학설'을 완전히 부인하지는 못했다. 주자학의 위세가 전 사회를 지배하는 시대였기 때문이다. 그렇지만 8세라는 나이가 복잡한 입학 의식을 제대로 거행하기에는 너무 어리다고 판단했다. 이 때문에 왕세자의 입학식은 8세에 거행하는 경우도 있었지만 조금씩 일정을 늦추는 것이 일반적인 추세였다.

20세를 훌쩍 넘겨서 입학식을 거행한 경우도 있었다. 광해군은 23세, 효종은 27세, 영조는 29세가 되어서야 입학식을 거행했는데 각자의 특별한 사정이 있었다. 광해군은 선조 때 전쟁을 치르느라고, 효종이나 영조는 형이 사망한 후에 계승자로 결정되었기 때문에 입학식 자체가 늦어졌다. 이처럼 특별한 경우를 제외하면 조선 왕실에서는 10세를 전후하여 입학식을 거행하는 것이 일반적이었다.

누가 왕세자의 술잔을 받겠습니까?

왕세자가 입학식을 거행하기 위해 성균관에 도착하면, 제일 먼저 대성전 안으로 들어가 술잔을 올리는 작헌례를 거행했다. 그런데 왕세자가 직접 술잔을 올리는 대상을 누구로 할 것인가 하는 문제를 놓고 논란이 있었다.

성균관은 대성전과 명륜당이라는 두 개의 공간으로 구분되는데, 대성전이 공자를 비롯한 성현에게 제사 지내는 제사 공간이라면, 명륜당은 유생들이 공부하는 학습 공간이었다. 오늘날 우리는 종교계에서 설립한 학교가 아니면 교내에서 제사를 위한 공간, 즉 종교적 공간을 찾아보기가 어렵다. 그렇지만 조선시대에는 성균관을 비롯한 공립학교는 물론이고 사립학교인 서원에까지 별도로 제사 공간이 있었다. 학교에 제사 공간을 둔 이유에 대해 주희는 "옛 성인과 스승을 학궁에서 제사하는 것은 이들에게 학문적 정통성이 있음을 밝히고 세상 학자들에게 앞으로 나아가 이르러야 할 곳이 있음을 알게 하려는 것이라"고 했다. 즉 학생들로 하여금 제사 지내는 인물을 모범으로 삼아 그들을 본받도록 노력하게 하는 의미가 있다는 것이다.

중국의 학교에서 공자에게 처음으로 제사를 올린 것은 위魏나라 제왕齊王 때인 241년의 일이었다. 물론 그 전에도 공자의 고향인 궐리闕里에서는 공자 사당을 만들어 제사를 지냈다. 그렇지만 국가의 교육 기관에서 공자의 제사를 지낸 것은 이때가 처음이었다. 이후 진晉나라 때는 황제나 황태자가 공자 사당을 방문해 직접 제사를 지내는 전통이 생겼고, 당나라 때에는 중앙과 지방의 모든 학교에 제사 공간을 두도록 했다.

학교의 제사 공간에 최초로 모셔진 인물은 주나라 문왕의 아들로 예악제도를 정비한 주공

周公, 그리고 공자였다. 한나라 때에는 주공을 선성先聖, 공자를 선사先師로 위상을 구분하여 제사를 지냈다. 당나라 때에는 주공을 제외하고 공자를 선성, 공자의 제자인 안회顔回를 선사로 모시게 되었다. 이 논의는 648년에 방현령房玄齡이 주도했는데, 그는 주공과 공자가 모두 성인聖人이기는 하지만 주공은 왕자王者의 예를 따라 종묘에 모셔야지 학교에 모실 수는 없다고 주장했다. 739년에 당나라 현종이 공자를 문선왕에 봉하면서 공자묘孔子廟가 문묘文廟로 발전하는 결정적인 계기가 마련되었고, 공자의 후예들도 차례로 제사를 받는 대상에 포함되었다.

우리나라의 문묘 제도는 당나라를 통해 도입되었다. 648년에 당나라에 갔던 김춘추가 당나라의 국학國學에서 공자에게 제사를 올리는 석전례釋奠禮를 참관했고, 717년에는 김수충이 당나라에 갔다가 문선왕공자과 10철哲, 72제자의 화상을 가지고 돌아와서 국학에 모셨다. 고려시대에는 송나라와 원나라를 통해 문묘 제도가 도입되었는데, 992년성종 11에는 국자감에 문묘가 건립되었고, 얼마 후에는 최치원과 설총을 문묘에 추가하는 조치가 뒤따랐다.

『고려사』를 보면 고려의 국자감에 설치된 문묘의 신위 위차位次가 기록되어 있는데, 이를 그림으로 표현하면 다음과 같다. 이를 보면 고려의 문묘 제도는 기본적으로 당나라와 송나라의 제도를 따랐다. 그런데 최치원과 설총의 신위를 대성전의 남쪽 배향위에 둔 것은 고려의 독특한 제도였는데, 중국의 문묘 제도를 고려인의 시각에서 해석한 결과였다.

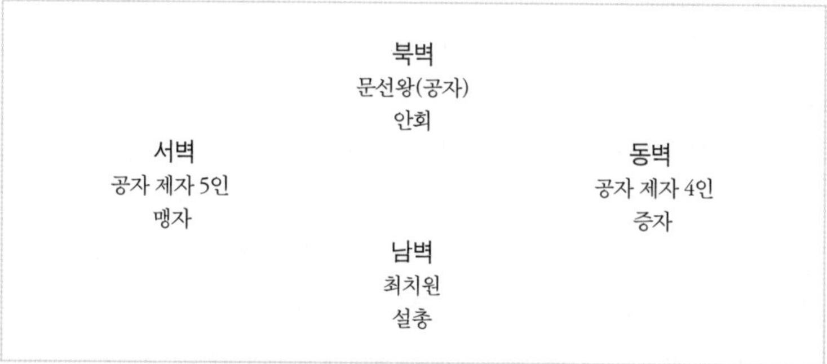

조선시대에 들어와 문묘는 성균관은 물론이고 지방의 모든 향교에도 설립되었다. 조선이 국가적 기틀을 마련한 정도전은 『조선경국전朝鮮經國典』에서 문묘에 대해 다음과 같이 말했다.

> 천하의 공통된 제사는 오직 문묘가 있습니다. 국가에서는 안으로 수도로부터 밖으로 주州와 군郡에 이르기까지 모두 문묘와 학당을 건립하고, 봄과 가을의 가운데 달(2월, 8월) 첫번째 정일丁日에 예로써 제사를 지내야 합니다.

한양에 성균관을 처음으로 건립한 국왕은 태조였다. 태조는 1394년태조 3에 도성을 건립한 다음 도성의 동북쪽에 성균관을 건립하도록 했다. 성균관 공사는 1397년 4월에 공사를 시작하여 이듬해 7월에 마무리되었다. 문묘인 대성전이 남쪽에 위치하고 학당인 명륜당이 그 북쪽에 있는 구조였다. 그런데 1400년에 성균관에 화재가 발생하여 건물이 모두 타버렸고, 성균관을 중건하는 공사는 1407년태종 7에 가서야 마무리되었다.

1403년태종 3에 장차 양녕대군이 되는 원자의 입학식이 거행되었는데, 한양의 성균관은 불에 타고 중건되지 않은 상황이었으므로 개성의 성균관에서 거행되었다. 태종은 조선이 건국된 후 왕실 가족의 입학식을 처음으로 거행하면서 기왕의 기록을 참고하여 의식 절차를 정하라고 명령했다. 예조의 관리들은 고려 예종이 원자로 있을 때 거행한 입학식 절차를 조사했고, 태종은 『문헌통고文獻通考』의 기록도 참고하라고 했다. 『문헌통고』에는 중국 고대로부터 송나라까지의 제도가 수록되어 있었다.

1403년 4월 8일, 원자는 성균관 대성전에서 작헌례를 거행했다. 원자가 직접 술잔을 올린 대상은 공자, 안자, 맹자였고 나머지 신위에는 성균관 유생들이 술잔을 올렸다. 그런데 입학식이 끝나고 나서 왕세자가 증자와 자사의 신위에 술잔을 올리는 절차가 누락된 것을 발견했다. 예조의 관리들이 관련 기록을 제대로 검토하지 못해서 발생한 사고였다. 그렇지만 당시 증자의 신위는 공자의 배향위가 아닌 종향위인 10철의 위치에 있었고, 자사의 신위는 대성전 마당의 종사위에 있었다. 따라서 이는 아직 문묘의 제도가 제대로 갖추어지지 못했기 때문에 발생한 사고이기도 했다. 굳이 따지자면 안자와 맹자의 신위가 배향위에 위치한 것은 당나라의 제도이고, 증자와 자사의 신위까지 배향위에 위치한 것은 송나라와 원나라의 제도였다.

조선의 문묘 제도가 완전히 정비된 것은 1407년태종 7이었다. 한양에 성균관을 중건하면서 증자와 자사의 신위를 배향위로 올렸는데, 이는 송나라부터 명나라까지 일관되게 적용된 제도였다. 태종 대에 문묘 제도를 정비하는 논의는 주로 성균관에서 주도했고 좌정승으로 있던 하륜이 이에 찬동했다. 하륜은 1404년에 명나라를 방문했다가 증자와 자사의 도상圖像, 초상화을 구해 돌아왔고, 이 그림을 바탕으로 두 성인의 인물상을 만들어 대성전의 배향위에 두었던 인물이었다.

1421년세종 3에는 왕세자 문종의 입학식이 거행되었다. 이때 세자는 대성전의 중앙에 있는 문선왕의 신위와 배향위에 있는 네 성인안자, 맹자, 증자, 자사의 신위에 모두 술잔을 올렸고, 종향위에 있는 10철과 종사위에 있는 성현들의 신위에 술잔을 올리는 것은 성균관 유생들이 담당했다. 이로써 왕세자가 술잔을 올리는 대상에 대한 논란은 끝이 났는데, 당나라 때에 정비된 개원례에 있는 황태자 입학례를 참고한 결과였다.

왕세자의 스승

입학식을 거행하면서 왕세자는 '박사博士'라고 불리는 스승에게 먼저 가르침을 청했고, 스승의 허락을 받은 후 건물 안으로 들어가 예물을 바쳤으며, 강의 시간에는 몸을 낮추어 가르침을 들어야 했다. 따라서 박사는 상당한 직급에 있는 관리가 담당했을 것이라고 생각하기 쉽다. 국왕 다음의 지위에 있는 왕세자가 이처럼 예우를 하는 스승이라면 당연히 최고위 관리가 담당했을 것이기 때문이다.

실제로 평소 왕세자의 교육을 담당하는 시강관에는 고위 관리들이 배치되어 있었다. 시강관 중 최고위 관리는 사師와 부傅였다. 오늘날 우리들은 이를 합하여 '사부'라 부르지만 사와 부는 원래 별개의 직책이었다. 시강원의 사는 정1품인 영의정이 겸직을 했고, 부는 정1품인 좌의정이나 우의정 가운데 한 사람이 겸직했다. 국가의 최고위 관리인 의정부의 정승들이 왕세자의 사부를 맡았던 것이다. 한편 왕세손의 교육을 전담하는 세손강서원에 소속된 사와 부는 종1품 관리 중에서 임명했다. 왕세손의 경우 왕세자와 위격을 구분하기 위해 한 등급이 낮은 종1품 관리를 임명했지만, 국가의 최고위 관리를 스승으로 임명하는 데에는 차이가 없었다.

조선시대에는 '박사'라는 관직이 실제로 있었다. 박사는 정7품 참하관參下官에 해당하는 하위직으로 각 관서의 실무적인 업무를 담당했는데, 성균관이나 홍문관, 승문원, 교서관과 같이 학문과 문장을 담당하는 관청에 소속되어 있었다. 오늘날의 '박사'와 같은 한자를 쓰지만 하는 일은 달랐던 것이다.

그런데 처음 입학례를 주재한 박사는 성균관의 사성司成이 담당했다. 사성은 종3품 당하관에 해당하는 관직이므로, 박사보다는 직급이 높았지만 시강관에 비하면 결코 높다고 할 수가 없는 자리였다. 세조 대 이후로는 대제학 또는 지성균관사가 박사를 담당했는데, 대제학은 관례적으로 지성균관사를 겸했기 때문에 실제로는 같은 사람이었다. 대제학과 지성균관사는 정2품 당상관이고 지성균관사는 성균관에 소속된 관리 가운데 최고위직이었으므로 그 위상이 크게 높아졌다. 『국조오례의』에는 대제학이 겸직하는 지성균관사가 입학례 때 박사를 담당하는 것으로 규정되어 있다.

영조 대에는 왕세손 정조의 입학식을 준비하며 박사의 지위에 대한 논란이 있었다. 영조는 왕세자의 입학식은 대제학이 담당하고, 왕세손의 입학식은 예문제학이 담당하는 것이 좋겠다고 생각했다. 여기에는 근거가 있었는데, 세종 대에 거행된 왕세손 단종의 입학식에서 예문제학이던 윤상이 박사를 담당했기 때문이다. 영조는 정조가 왕세손이므로 단종이 왕세손의 자격으로 입학식을 거행할 때처럼 예문제학이 박사를 맡으면 된다고 생각했다. 국가의 제도에 밝았던 영조의 진가가 드러나는 순간이었다. 그런데 세손강서원에 소속되어 있던 서지수는 영조와 생각이 달랐다.

> 박사는 바로 태학의 박사입니다. 대제학은 관례적으로 지성균관사를 겸하기 때문에 박사가 됩니다. 제학은 성균관에 해당되지 않습니다. 옛적에는 박사가 천하의 유생들을 가르쳤습니다. 그런데 세자는 입학례에서 유생과 동렬에 서기 때문에 역시 박사에게서 수업을 받는 것입니다.

서지수는 대제학은 지성균관사를 겸하므로 성균관의 관리라 할 수 있지만, 예문제학은 성균관과 아무런 관련이 없는 직책이라는 점이 문제가 된다고 생각했다. 입학식에서 스승을 지칭하는 박사는 바로 성균관에 소속된 관직이기 때문이다. 또한 서지수는 박사란 천하의 유생들을 가르치는 사람이고, 입학식을 거행할 때에는 왕세자와 왕세손이 모두 유생과 동렬에 서기 때문에 굳이 박사의 위상을 구별할 필요가 없다고 생각했다. 궁중에서 왕세자를 교육시키는 세자시강원과 왕세손을 교육시키는 세손강서원의 관리에는 직급의 차이가 있지만, 성균관에서는 왕세자든 왕세손이든 모두 유생과 동일하므로 차이를 둘 필요가 없다는 주장이었다. 영조는 결국 서지수의 주장을 받아들였다.

이후 조선 왕실의 입학식에서 박사는 대제학 내지는 대제학을 역임했던 인물이 담당하는 것으로 확정되었다.

책상을 사용하지 못하는 왕세자

왕세자의 입학식에서 인상적인 장면이 하나 있다. 왕세자가 스승에게 교육을 받는 장면에서 스승은 책상 위에 책을 펴놓고 강의를 하는데, 왕세자는 바닥에 엎드려 책을 보는 장면이다. 왕세자는 병으로 갑자기 사망하거나 심각한 물의를 일으켜 세자에서 쫓겨나는 경우가 아니라면 장차 국왕이 될 중요한 존재이다. 그런 왕세자가 무릎을 꿇고 바닥에 엎드려 책을 읽는 것은 좀 심했다는 생각이 들기도 한다.

입학식에서 왕세자는 처음부터 책상을 사용하지 않았다. 『국조오례의』의 규정을 보면 입학식을 거행할 때 집사자가 강의할 교재를 자리에 놓게 되는데 스승인 박사 앞에는 책상이 있다고 기록한 반면 왕세자에 대해서는 아무것도 언급하지 않았다. 조선시대의 국가 행사는 모두 『국조오례의』의 규정을 준수했으므로, 조선 왕실에서는 처음부터 왕세자가 책상을 사용하지 않은 것이 분명하다.

그런데 1625년인조 3에 인조는 왕세자 입학식을 거행하면서 왕세자가 사용할 책상을 만들라고 명령했다. 인조의 명령을 받은 예조는 이를 반대했다. 왕세자가 책상을 사용하지 않는 것이 관례인데다 그렇게 하는 것이 스승과 제자 사이에 지켜야 할 예법에 맞으며 고대의 제도에도 합당하다는 주장이었다.

입학례의 성대한 의식은 한 나라의 최대 경사입니다. 조종 조에는 이미 내려오는 절목이 있는데, 책상은 박사 앞에 두고 세자는 자리만 깔고 책을 받는 것으로 스승과 생도의 예를 실천합니다. 이는 실로 옛 입학례의 제도를 본받은 것입니다. 책상을 별도로 설치하는 것은 마땅하지 않을 것 같습니다.

예조의 주장을 논리적으로 반박하기가 어려웠던 인조는 결국 예조를 따를 수밖에 없었다. 그러나 왕세자의 책상 문제는 효종 대에 다시 제기되었다. 왕세자인 현종의 입학식을 앞두고 효종이 책상을 쓰는 문제를 의논하라고 명령했기 때문이다.

세자가 입학할 때에는 책상을 설치하지 않는다. 이는 머리를 숙이고 구부린 채 글을 읽어야 하는 불편함이 있을 뿐만 아니라, 스승과 제자가 서로

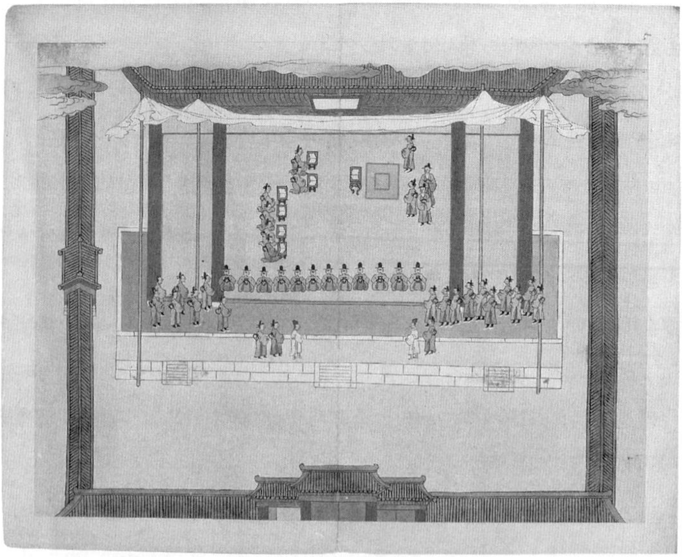

〈회강반차도會講班次圖〉, 41.1×26.5cm, 규장각한국학연구원 소장 | 매월 초하루와 보름, 사부 이하 세자시강원의 관원들이 모여 경사를 강론하는 회강 장면. 책이 놓여 있는 빈자리가 세자의 자리이며, 맞은편은 시강원 관원들의 모습이다.

존경하는 예로 말하더라도 일반 백성들은 본래 집에서 책상을 폐기하는 사례가 없다. 더구나 책이 책상 위에 있어야만 경전을 높이게 되는 것이지, 어째서 스스로 낮추는 예 때문에 경전을 땅바닥에 놓는단 말인가. 예조의 관리들에게 의논하여 처리하게 하라.

효종이 책상을 사용하자고 주장한 근거는 세 가지였다. 첫째 머리를 숙이고 구부린 채 책을 읽는 것이 불편하다는 것이고, 둘째 일반 백성들도 집에서 공부를 할 때에는 책상을 사용한다는 것이며, 셋째 책을 책상 위에 놓는 것은 경전을 높이는 것이라는 주장이었다. 스물일곱 살의 나이로 바닥에 엎드려 입학식을 치러야 했던 효종으로서는 책상을 사용하지 못했던 것이 여러 가지로 불편했던 모양이다.

이에 반대하는 신하들의 입장은 완강했는데, 왕세자가 책상을 쓰지 않고 바닥에 엎드려 교육을 받는 것이 스승과 제자의 예에 합당하다는 주장이었다. 결국 조선의 왕세자들은 입학식이 진행되는 동안 바닥에 엎드려 교육을 받는 불편함을 감수할 수밖에 없었다. 왕세자가 몸을 낮출수록 스승에 대한 예우는 상대적으로 높아지는 효과가 있었기 때문이다.

4

아들을 생각하는 아버지의 마음

입학식과 관련된 논의는 대신들이 주도했지만 입학식 자체는 철저하게 성균관 소속의 관리와 유생 들이 주도했다. 입학식에 관한 논의에서 국왕은 방어적인 입장을 취했는데, 기왕의 관례를 따르면서도 되도록이면 왕세자의 부담을 덜어주려 했다. 국왕은 나라를 다스리는 최고 지도자였지만 입학식을 앞둔 왕세자에게는 자상한 아버지였던 것이다.

왕세자는 입학식에서 어떤 교재로 공부할까? 가장 많이 사용되는 교재는 『소학』이었다. '소학'이라는 용어는 원래 몇 가지 다른 뜻으로 사용되었다. 첫번째는 주나라의 초등교육기관을 소학이라고 하는데 여기에는 귀족의 자제들만 입학할 수가 있었다. 두번째는 주나라의 초등교육기관에서 육예六藝를 가르쳤는데 이를 통칭하여 '소학'이라고 했다. 한나라 이후 소학은 문자학, 훈고학, 음운학에 관한 서적이나 문자 학습서를 가리키는 말로 사용되었는데, 오늘날 도서관에서 동양서를 분류할 때 '소학류'라고 하면 문자학이나 음운학에 관한 책을 말한다. 세번째는 유학의 입문서인 책자를 말하는데, 특히 주희와 그 제자인 유자징劉子澄이 아동용 윤리 학습서인 『소학』을 만든 이후에는 주로 이 책을 가리키는 명칭으로 사용되었다.

주희와 유자징이 편찬한 『소학』은 내편과 외편으로 구성된다. 이 책의 내편에서는 오륜으로 이뤄지는 유교 윤리의 핵심을 설명하고, 외편에서는 한나라에서 송나라까지 성현들이 오륜을 실천했던 언행을 기록했다. 주희는 이 책을 편찬하면서 어렸을 때 바르게 교육시켜야 하는 중요성을 강조했고, 구체적인 교육 지침까지도 제시했다.

조선은 건국과 더불어 유학 교육의 중요성을 강조했는데, 기본적인 교재로서 『소학』의 학습을 중시했다. 개국 초인 1407년에 권근은 '권학사목勸學事目'을 작성하면서 전국의 모든 학생들은 반드시 『소학』을 학습한 다음에 다른 글을 배우도록 했고, 생원시에 합격하여 성균관에 입학하기를 희망하는 학생에게는 『소학』에 능통한지를 반드시 시험한 다음에 입학을 허가하자고 제안했다. 1476년성종 7에 성종은 지방의 모든 유생들이 『소학』을 암송하고 뜻을 익힌 다음에 사서四書, 대학, 논어, 맹자, 중용를 읽도록 하라고 명령했다. 이를 보면 조선시대의 유학자라면 『소학』은 누구나 읽어야 할 기본 교재였음을 알 수 있다.

『소학』을 배울까, 『대학』을 배울까

조선 왕실의 왕세자 입학식에서도 『소학』은 기본 교재로 활용되었는데, 이는 당나라 황태자의 입학식에서 『효경孝經』이나 『예기』「문왕세자」편이 읽힌 것과는 큰 차이가 있었다. 『소학』을 입학식의 교재로 채택한 것은 무엇보다도 이 책이 기본 교재이기 때문이지만, 입학자가 열 살 전후의 어린 아이인데다 학습보다 입학식이라는 의식 자체에 큰 비중을 두었기 때문이기도 하다. 입학식에서의 강의는 스승이 『소학』의 머리말에 해당하는 제사題辭의 음을 읽어주면 왕세자가 이를 따라서 읽고, 스승이 그 뜻을 풀이하고 간단한 문답을 나누는 방식으로 진행되었다. 다만 1695년숙종 21에

『소학』, 규장각한국학연구원 소장 | 영조가 첫돌을 맞은 사도세자에게 하사했고, 사도세자는 이후 정조가 첫돌을 맞았을 때 이 『소학』을 다시 하사했다.

거행된 왕세자 경종의 입학식에서는 『소학』의 제사 대신에 본문인 '원형이정元亨利貞'장을 강의했다.

그런데 인조 대에 입학식의 교재에 중대한 변화가 생겼다. 1625년인조 3에 왕세자인 소현세자의 입학식이 거행되었는데, 이때 왕세자의 나이는 열네 살이었다. 능양대군으로 있던 인조가 반정을 일으켜 광해군을 몰아내고 국왕이 되었기 때문에 왕세자의 책봉이나 입학식이 조금 늦어진 것이다. 그런데 입학식의 교재는 『소학』에서 『대학』으로 바뀌었고, 강의 방식에 대해서도 논란이 있었다. 시강관이던 이정구는 "『대학』 경1장의 원문은 음을 외우고 뜻을 풀이하며, 주석은 음을 외우고 뜻풀이는 하지 않는 것이 좋겠다"고 건의했다. 왕세자에게 『대학』 경1장의 원문과 주석을 모두 외우게 하자는 내용이었다. 그러나 인조는 '원문의 음을 외우고 뜻풀이를 하는 것'으로 결정했는데, 왕세자의 학습 부담을 고려하여 주석을 외우는 것을 면제했던 것이다.

인조 대에는 다시 한번 왕세자 입학식이 거행되었다. 병자호란 이후 심양에 인질로 가 있던 소현세자가 고국에 돌아온 지 두 달 만에 사망해버리자, 아우인 효종이 왕세자로 책봉된 것이다. 왕세자 효종의 입학식은 1645년인조 23에 거행되었는데 소현세자 때와 마찬가지로 『대학』이 교재로 채택되었다. 그러나 왕세자의 나이가 이미 스물일곱 살이나 되었기 때문에 학습 부담은 크지 않았다. 실록에서는 이날 스승과 왕세자의 토론이 오랫동안 계속되었는데, 주변에서 구경하는 사람들이 모두 기뻐했다고 기록했다. 입학식을 앞두고 왕세자의 사전 학습이 충분히 되어 있었음을 짐작하게 하는 대목이다.

입학식 교재를 둘러싸고 가장 큰 논란이 있었던 것은 현종 대였다. 1669년현종 10 왕세자인 숙종의 입학례를 거행하려고 할 때였다. 앞서 보았듯이 조선 초기의 입학식 교재는 『소학』이었다. 그런데 소현세자와 효종, 현종이 모두 『대학』을 교재로 사용하자, 『대학』을 교재로 고정시키려는 움직임이 나타났다.

먼저 시강관으로 있던 민정중이 현종에게 건의했다.

> 옛 예법에 『소학』과 『대학』은 가르치는 것이 다릅니다. 대학에 들어간 사람에게는 궁리窮理·정심正心·수기修己·치인治人의 도를 가르쳤는데, 천

자의 원자元子부터 국가의 책임을 맡을 사람들에게 모두 이 도를 가르쳤습니다. 지금 왕세자가 입학하는 의식에 있어서도 이 예법을 준행해야 하며, 대학성균관에 들어갔는데도 『소학』을 가르치는 것은 옛 사람이 수기·치인하는 도를 가르친 뜻에 어긋납니다. 더구나 왕세자는 비록 나이는 어려도 학업이 이미 진보된 상황이므로 입학하는 날 『대학』의 경1장을 수강하게 하는 것이 옳을 것 같습니다.

민정중은 왕세자란 국가를 다스리는 책임을 가진 사람이므로 『대학』을 교재로 하여 치인治人의 도리를 가르쳐야 한다고 주장했다. 또한 왕세자의 나이가 어리지만 학문이 상당히 축적되어 있으므로 『대학』을 학습하는 데 큰 어려움이 없을 것이라고 판단했다.

민정중의 건의가 올라가자 영의정 정태화가 여기에 동조하고 나섰다. 자신은 원래 『소학』을 교재로 채택하자고 했지만, 여러 사람의 의견을 들어보니 『대학』을 채택하자는 의견이 많다는 것이었다.

세자가 입학할 때 『소학』 제사 부분을 가르치라고 하교하셨고, 선왕 때에도 『소학』을 가르친 전례가 있으므로 무방하다고 말씀드렸습니다. 조복양이나 박장원도 신정태화의 의견과 같았는데 민정중은 『대학』을 강의하지 않을 수 없다고 했습니다. 지금 외부의 논의를 들어보건대 『대학』을 강의하지 않을 수 없다고 하니, 신들이 어떻게 자기의 의견만 고집하겠습니까?

매우 중대한 일이므로 다시 의논해서 결정하는 것이 좋겠습니다.

『대학』을 교재로 채택하자는 논의에 대해 현종의 입장은 단호했다. 자신이 『대학』을 배운 것은 열두 살에 입학했기 때문인데 지금의 왕세자는 아홉 살에 불과하다. 게다가 선왕 대의 선례가 『소학』을 교재로 했고 현재 왕세자가 시강원에서 배우는 과목도 『소학』이므로 『소학』이 적절하다는 주장이었다.

문종께서 여덟 살에 입학하셨는데 『소학』을 강의했다. 지금 세자는 아홉 살이니 여덟 살과 다를 것이 무엇인가? 선왕 대에 이미 거행한 규례가 있어 나는 그대로 시행하려는 것이다. 나는 열두 살 때 입학했으므로 『대학』을 강의했던 것이다. 세자는 지금 『소학』을 배우고 있는데 현재 배우고 있는 것을 강의하지 않고 기어이 『대학』을 강의할 필요가 있는가? 나는 그렇게 하는 것이 옳은지 모르겠다.

이때의 논의는 결국 현종의 명령을 따라 『소학』으로 확정되었다. 국가적으로 『소학』의 학습을 장려하는데다 열 살 전후의 어린 왕세자에게는 아동 학습서인 『소학』을 가르치는 것이 적절하다고 보았기 때문이다.

이후 조선 왕실의 입학식에서는 『소학』을 교재로 채택하는 것이 관례가 되었다. 다만 왕세제였던 영조가 입학식을 거행할 때에는 『대학』을 교재로 했는데 이때 그의 나이는 스물아홉 살로 대학에 입학할 나이를 훨씬 넘겼기 때문이었다.

환관이나 대신은 참석할 수 없습니다

왕세자의 입학식은 처음부터 끝까지 성균관에서 주도했다. 입학식에서 스승이 되는 박사는 성균관의 직임을 가진 대제학이 담당했고, 왕세자와 박사 사이를 오가면서 말을 전달하는 장명자는 극선極選이라고 하는 성균관 유생의 대표가 맡았다. 입학자가 박사에게 예물을 올릴 때 옆에서 도와주는 집비執篚와 집준執尊, 명륜당에서의 강의를 돕는 협책挾冊, 수업修業, 치안置案, 설석設席, 찬인贊人의 역할도 모두 성균관의 유생들이 담당했다. 이처럼 성균관이 주도하는 입학식에 조정의 유력자가 끼어들려고 하면 성균관 쪽에서는 강하게 반발했다.

명종 대에는 환관宦官이 입학식에 참여하는 것에 대한 논란이 있었다. 1560년명종 15에 명종의 맏아들인 순회세자의 입학식이 거행되었는데 승언색承言色을 담당하던 박한종朴漢宗이 왕세자를 수행했다. 승언색은 세자궁에 소속된 환관으로 세자의 말을 전달하는 임무를 담당하고 있었다. 그런데 박한종은 환관 출신이기는 하지만 명종이 왕위에 오르는 데 결정적으로 기여했고, 왕실의 외척인 윤원형과 결탁하여 막강한 권력을 휘둘렀던 인물이었다. 명종은 열 살에 불과한 왕세자가 너무 어리다는 이유를 들어 측근인 박한종에게 왕세자를 수행하게 했다.

당대의 권신인 박한종이 대성전을 출입한다고 하자 성균관에서는 강하게 반발했다. 성균관 유생인 박응립은 왕세자가 대성전에서 작헌례를 거행하는 자리에 환관이 끼어드는 것은 선성先聖인 공자의 사당을 더럽히는 일이라고 비난하는 상소를 올렸다.

> 전하께서는 세자의 나이가 어리다고 내신內臣이 보호하게 하려고 하십니다. 그렇지만 국가에서 시강원을 설치하고 사부를 갖추어놓은 것은 세자의 신체를 보호하고 덕망과 의리를 가르치려는 것입니다. 세자가 계단을 오르내리거나 읍하고 양보할 때에 정인正人 군자가 붙들어 보호하게 하면 무슨 잘못될 것이 있기에 굳이 더러운 사람에게 공자의 좌석에 가까이 다가가게 하시려 하십니까.
>
> 아, 처음을 바르게 하는 도리는 삼가지 않을 수가 없으며, 세자를 인도하는 방안을 더욱 극진하게 해야 합니다. 사방의 선비들이 성균관의 문을 둘러싸고 서서 다같이 세자를 우러러보는데, 제일 먼저 성묘聖廟, 대성전에 제사를 지내는 것은 이미 성대한 예입니다. 그런데 환관 따위가 외람되게 엄숙하고 화락한 장소에 끼어든다면 누가 마음에 놀랍고 눈이 휘둥그레져서 전하께서 가르치심에 도리를 잃었다고 슬퍼하고 세자가 적임자가 아닌 사람을 가까이함을 민망하게 여기지 않겠습니까?

환관은 대성전 안에 들어올 수 없다는 박응립의 상소에도 명종은 생각을 바꾸지 않았다. 자신의 판단이 아니라 대신들도 이를 수용했다는 대답이었다.

이 상소의 말을 보니 유생들이 선성공자을 존경하는 뜻은 아름답다고 할 수 있다. 그렇지만 깊이 생각해서 논한 것은 아니다. 나의 계획이야 어둡고 얕다고 하겠지만 대신들이 어찌 나의 말을 구차하게 따랐을 리가 있겠는가. 바꿀 수가 없다.

박응립의 상소가 나오자 언론을 담당하던 사헌부와 사간원의 관리들이 사직소辭職疏, 관직에서 물러나겠다는 상소를 올렸다. 환관인 박한종이 대성전에 들어가는 것은 옳지 않은 일인데, 언론을 맡은 자신들이 이를 미리 지적하지 못했음을 자책하는 사직소였다.

왕세자가 문묘대성전에서 작헌례를 거행할 때 환관이 성전에 입시하게 하는 일을 대신에게 의논하여 정하라고 하셨습니다. 이는 상께서 왕세자의 나이가 어리므로 혹 예를 잃을까 염려하셨기 때문입니다. 그렇지만 환관 따위가 외람되이 들어가게 할 수는 없습니다. 그런데도 신들이 모두 용렬하여 언관의 직책을 맡았으면서도 즉시 의논하여 아뢰지 못했습니다. 태학성균관은 수선首善 즉 선행의 으뜸이 되는 장소이고 공론公論이 있는 곳입니다. 박응립의 상소를 보니 말이 절실하고 뜻이 곧아서 신들이 말하지 않은 죄는 참으로 변명할 수가 없습니다. 신들의 직책을 교체하도록 명령하십시오.

처음 명종의 명령이 내려졌을 때 언관은 국왕의 잘못을 바로 지적하지 못했다. 박한종은 국왕이 몹시 총애하는 인물인데다 권력까지 장악하고 있었기 때문이다. 그런데 성균관 유생들이 강하게 반발하자 이들은 자신들의 책임을 내세우며 유생들을 지지하고 나섰다. 국왕에게 압박을 가한 것이다.

그래도 국왕이 마음을 바꾸지 않자 이튿날 성균관의 관리인 서희려가 상소문을 올렸다. 그는 『서경』에 등장하는 주공과 이윤의 고사를 인용하며, 왕세자의 입학식에서 환관의 도움을 받는 것은 적절치 않다고 지적했다.

세자의 입학 의식은 예에 있어서 큰 것인데 환관의 협조와 도움을 받을 수 있겠습니까? 신이 살피건대 『서경』에서 "사왕嗣王, 왕위를 계승할 사람을 모시고 그 할아버지를 뵙도록 했다"는 것은 이윤伊尹, 중국 은나라의 이름난 재상이 한 일이고, 전傳에서 "성왕成王, 어려서 즉위한 중국 주나라의 2대 왕을 업고 제후에게 조회를 받았다"는 것은 주공周公이 한 일입니다. 지금 시강원의 사부와 빈객은 그 책임이 막중하여 상商나라 이윤과 주나라 희공姬公, 주공보다 못하지 않은데, 어째서 반드시 이들을 버려두고 다른 사람을 찾겠습니까? 전하께서는 속히 조정의 의논을 따르시기 바랍니다.

성균관 측은 물론이고 언관들까지 반대를 하고 나서자 명종은 한발 물러섰다. 공자를 모신 대성전에는 국왕을 수행하는 환관도 들어가지 못하는데 왕세자를 수행하는 환관이 들어가는 것은 온당치 못하다는 판단이었다. 그러나 명종은 환관이 수행하는 것까지 포기하지는 않았다. 명종은 박한종에게 대성전의 문밖에 서서 왕세자가 미진한 사항이 있으면 일러주라고 지시했다.

내가 깊이 생각해보니, 신위神位의 앞은 엄중한 곳이기 때문에 비록 국왕의 존귀함으로도 내관이 모시고 들어가지 못한다. 세자가 비록 어리지만 알성謁聖, 공자를 뵙는 것할 때에 환관이 성전대성전에 들어간다면 일에 온당치 못한 것이 없지 않을 것이니 들어가지 않는 것이 나을 것이다. 시강원의 보덕輔德과 필선弼善은 왕세자의 좌우에서 일을 돕고, 예조판서는 뒤에서 모시면서 가르쳐주며, 승언색承言色 2인은 성전 밖 계단 위에서 안을 들여다보면서 미진한 일을 말해주면 되겠다.

국왕과 성균관 유생들 사이의 신경전은 결국 유생들의 승리로 돌아갔다. 박한종이 아무리 당대의 권세가라 하더라도 환관을 대성전 안으로 들일 수 없다는 주장은 명분이 확실했기 때문이다.

영조 대에는 대신이 입학식에 참석하는 문제를 놓고 논란이 있었다. 1727년영조 3에 영조는 민진원에게 왕세자를 수행하여 이끌어주라고 당부했다. 민진원은 숙종의 비인 인현왕후의 오빠이자 영조가 국왕이 되는 데 결정적으로 기여한 인물로서 이미 좌의정까지 역임한 조정의 중신이었다. 영조는 당시 시강원의 사부에는 왕세자를 수행할 사람이 없었기 때문에 판중추부사로 있던 민진원에게 대신 따라가도록 명령했다. 이에 민진원은 왕세자를 수행하면서 명륜당 강의에까지 참석하겠다고 건의했고 영조도 이를 허락했다. 그러나 시강원의 관리가 아니면서 입학식에 참석한 사례가 없다는 것이 문제였다.

사정이 이렇게 되자 성균관 측에서 반대 의견이 나왔다. 입학식에는 세자궁의 관리나 성균관의 유생도 명륜당에 올라가지 못하는데 대신이 참석하는 것은 예가 아니라는 이유였다.

> 왕세자가 유생복 차림으로 강의를 들으면 여러 유생들은 의관을 갖추고 차례로 서 있는 것이 학궁성균관의 예법입니다. 대신과 유생이 같은 반열에 뒤섞여 있는 것은 300년 동안 없었던 일입니다.

> 선왕 이래로 왕세자의 입학례는 매우 엄중하여 서연에서 강학하는 예와는 크게 다릅니다. 지금 대신과 빈객 들이 모두 명륜당에 들어와 앉으면 좌석의 차례에 서로 방해가 되는 것은 말할 것도 없고, 서연의 회강례會講禮

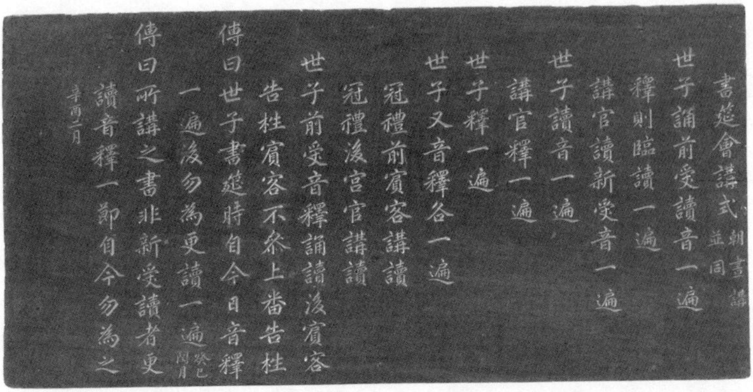

서연회강식 현판, 40.5×84cm, 국립고궁박물관 소장 | 왕세자의 앞에서 경서를 강론하던 자리인 서연에 부착했던 현판. 회강을 진행하는 방식을 기록했다.

와 구분이 없어 입학례가 성립되지 않습니다. 또한 알성謁聖을 하지 않으면 명륜당에 들어올 수 없는 것이 관례입니다. 지금 대신과 빈객은 모두 알성을 하지 않았는데 그날 입학례에 참석하면서 왕세자가 알성을 할 때 소란스럽게 알성을 하는 것도 편안치 않은 단서가 됩니다. 만일 이번에 이 일이 시작되면 이번만 그런 것이 아니라 영구히 따르는 선례가 될 것입니다. 옛 규칙을 변경하는 것은 중대한 일입니다.

성균관 측의 주장은 대략 세 가지로 요약된다. 첫번째로 대신이 입학식에 참석하는 것은 선례가 없으며, 참석한다고 하더라도 좌석의 순서에 혼란이 일어난다. 두번째로 성균관의 입학례와 세자시강원의 회강례가 구분되어야 하는데, 대신이 참석하면 구분이 없어진다. 여기서 회강례란 궁궐 안에서 한 달에 두 번씩 왕세자의 학습 진도를 점검하는 행사로 대신들이 겸직하는 시강관은 물론이고 국왕이 직접 참관하기도 하는 행사를 말한다. 세번째로 대성전을 참배한 다음에야 명륜당 건물로 들어갈 수 있는데, 강의에 참석할 사람이 모두 대성전을 참배하느라 번잡스러워진다. 성균관에서 주장하는 내용은 모두 명분이 있었으므로, 영조는 결국 예전의 방식대로 대신이 참석하지 않은 상태에서 입학식을 거행하게 했다.

이처럼 입학식과 관련된 논의는 대신들이 주도했지만 입학식 자체는 철저하게 성균관 소속의 관리와 유생 들이 주도했다. 입학식에 관한 논의에서 국왕은 방어적인 입장을 취했는데, 기왕의 관례를 따르면서도 되도록이면 왕세자의 부담을 덜어주려 했다. 국왕은 나라를 다스리는 최고 지도자였지만 입학식을 앞둔 왕세자에게는 자상한 아버지였던 것이다.

왕세자의 수업과 휴강

왕세자의 하루 일과는 대부분이 강의로 채워져 있었다. 왕세자는 법강法講이라고 하여 정규적으로 시행하는 강의를 들었는데, 아침에 하는 조강朝講, 점심에 하는 주강晝講, 저녁에 하는 석강夕講이 그것이다.

이와 별도로 수시로 관리를 불러서 하는 강의가 있었는데, 주간에 하는 소대召對와 야간에 하는 야대夜對가 있었다.

왕세자에게 가장 부담스런 강의는 회강會講이었다. 회강은 매월 2일과 16일에 있었는데 시강원의 관리가 대부분 참석한 가운데 왕세자는 그동안 배운 내용에 대한 평가를 받았다.

왕세자에게도 휴강이 있었다. '서연을 정지한다'는 뜻의 정연停筵이 그것인데, 왕실에 제사가 있어 근신할 때, 종묘와 사직에서 기우제를 지낼 때, 종묘와 영희전을 돌아볼 때, 국왕이 궁궐 밖으로 행차할 때, 국왕과 왕비의 생일, 일식과 월식이 있을 때에는 휴강을 했다.

또한 종묘와 영희전을 수리하고 왕실의 신주를 다시 모실 때나 왕세자의 스승이 돌아가셨을 때, 사형을 집행할 때에는 임시로 강의를 중단했다. 비록 강의는 중단됐지만 왕세자의 휴강일은 제사에 정성을 다하고, 부모에게 효도를 하며, 인간 생명의 귀함을 깨치는 날이었기에, 결국은 교육이 계속되었다고 할 수 있다.

5

풍악을 울려라

입학식이란 학문에 입문할 정도로 성장한 왕세자가 성균관에 가서 스승에게 깍듯한 예를 올리는 것을 백성들에게 보여주는 행사였다. 조선 왕실에서는 입학식을 국가적인 경사로 보았기 때문에 의식이 끝난 다음에는 다양한 식후 행사가 뒤따랐다. 신하들은 국왕에게 공동으로 치사致詞를 올려 국가의 경사를 축하했고, 국왕은 교서를 내려 화답하고 입학식에 참석한 관리와 성균관 유생 들을 궁중으로 불러 잔치를 베풀고 상을 주었다.

입학식이란 학문에 입문할 정도로 성장한 왕세자가 성균관에 가서 스승에게 깍듯한 예를 올리는 것을 백성들에게 보여주는 행사였다. 조선 왕실에서는 입학식을 국가적인 경사로 보았기 때문에 의식이 끝난 다음에는 다양한 식후 행사가 뒤따랐다. 신하들은 국왕에게 공동으로 치사致詞를 올려 국가의 경사를 축하했고, 국왕은 교서를 내려 화답하고 입학식에 참석한 관리와 성균관 유생 들을 궁중으로 불러 잔치를 베풀고 상을 주었다.

스승과 유생에게 상을 내리다

1487년성종 18 2월에는 왕세자인 연산군의 입학식이 거행되었고, 그로부터 8일 후에 성종은 입학식에 참석한 사람들을 인정전 뜰에 모이게 하고는 술과 풍악을 내렸다. 이날의 잔치에는 동궁 소속인 세자시강원과 세자익위사의 관리, 입학식을 논의한 예조의 관리, 입학식 행사를 진행한 성균관의 관리와 유생을 합하여 총 104인이 참석했다. 성종은 참석자에게 일일이 상품을 나누어 주었고, 즉석에서 시 짓기 대회가 열렸다. 성종은

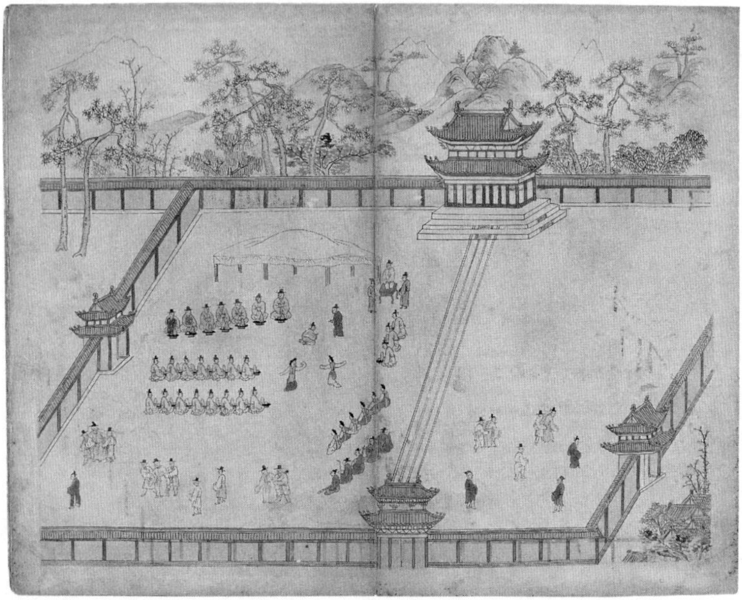

〈서연관사연도書筵官賜宴圖〉, 41×26.5cm, 1828, 규장각한국학연구원 소장 | 중종이 아들 인종을 가르친 세자시강원 관리에게 잔치를 베푸는 장면이다.

유생들에게 「석연동정錫宴彤庭, 궁정에서 잔치를 내리다」이란 제목으로 육운六韻의 율시律詩를 지어 올리게 했는데, 연회에 참석한 유생들의 글솜씨를 시험하기 위해서였다.

1522년중종 17 10월에는 왕세자인 인종의 입학식이 거행되었는데, 당일에 중종은 입학식에 참석했던 115인을 근정전으로 초청하여 연회를 베풀었다. 이날 중종은 승지에게 명령하여 참석자들에게 술을 나눠 주도록 했고, 성균관의 유생들에게는 활 한 자루씩을 상품으로 주었다. 유학을 공부하는 학생들에게 문무文武를 겸비하도록 하라는 당부가 담긴 선물이었다.

광해군의 입학식은 임진왜란 말기인 1597년선조 30 5월에 거행되었다. 전쟁으로 인해 정국이 어수선하여 입학식을 늦추다보니 왕세자의 나이는 스물세 살이나 되었다. 또한 국가 기관에 보관하던 기록들도 대부분 소실되어 입학식에 관한 기록들을 찾아내기가 어려웠다. 선조는 37년 전에 있었던 순회세자의 입학식에 참가했던 사람들을 조사하여 당시의 실상을 파악하라고 명령했다. 예조에서 생존자들을 만나 조사한 결과 성균관 유생들은 상현궁上弦弓 1자루씩을 받았고, 성균관 관리들은 후추〔胡椒〕와 단목丹木 같은 상품을 받았다는 사실을 알게 되었다. 단목은 콩과에 속하는 작은 나무인데 소목蘇木 혹은 소방나무라고 불리며, 활을 만들거나 물감, 한약의 재료로 쓰이기도 한다. 예조의 조사 결과, 행사에 참여했던 성균관의 하인들에게는 일일이 쌀이 지급되었음이 밝혀졌다. 선조는 순회세자의 사례를 원용하여 상을 받아야 하는 성균관 관리와 하인 들의 명단을 작성하라고 했다.

광해군 이후 입학식에 참여한 사람들에게 주는 상은 비교적 일정하게 유지되었다. 전란의 후유증을 극복하고 국가 의식을 제대로 거행할 수 있게 되면서 입학식의 절차와 시상 내역도 정비되었기 때문이다. 다음의 표는 1625년인조 3, 1695년숙종 21, 1727년영조 3에 입학식이 거행된 후 시상 내역을 정리한 것이다.

이를 보면 시강원의 고위 관리였던 부와 빈객은 호랑이 가죽이나 표범

입학식 이후의 유공자 시상 내역

1625년 인조 3			1695년 숙종 21			1727년 영조 3		
직위	이름	하사품	직위	이름	하사품	직위	이름	하사품
부 (좌의정)	윤방	호랑이 가죽 1령	부 (좌의정)	유상운	호랑이 가죽 1령	부 (좌의정)	홍치중	
빈객 (예판)	김상용	표범 가죽 1령	좌빈객 우빈객 좌부빈객 우부빈객 (대사성)	서문중 박태상 임상원 이여		좌빈객 우빈객 대사성	신사철 황구하 김취로	호랑이 가죽 1령
박사	김류	숙마 1필	박사	박태상	숙마 1필	박사 (좌부빈객)	이의현	숙마 1필
보덕	정종명	자급 더함	보덕	김우항	자급 더함	보덕	한이조	자급 더함
대사성 필선	최현 오준	아마 1필	필선	임윤원	아마 1필	필선	민응수	아마 1필
전사관 시강원 관리		상현궁 1장	겸보덕 이하 익위 이하			활 1장	시강원 관리	상현궁 1장
익위사 관리		부장궁 1장					익위사 관리	부장궁 1장
장명 (생원)	이행진	맹자 1질	장명 (생원)	이관명	논어 · 맹자 1질	장명 (생원)	남유상	논어 · 맹자 1질
봉향 (생원) 봉로 (생원)	한필명 이유수	중용 · 대학 1책	봉향 봉로 집사		지필묵	봉향 봉로	민통수 권위	중용 · 대학 1책
집사 (생원)	유경소	지필묵				집사 이하		지필묵
하인		쌀 · 베				하인		쌀 · 베

가죽을 상으로 받았다. 호랑이 가죽은 국왕이 신하들에게 하사하는 최고의 상품이었다. 다음으로 입학식에서 스승이 되었던 박사에게는 숙마熟馬 1필이 지급되었다. 숙마는 궁중에서 훈련이 잘된 말을 말하는데, 국왕이 하사하는 말에는 숙마 이외에도 훈련이 조금 덜 된 반숙마半熟馬, 망아지를 말하는 아마兒馬가 있었다. 박사는 시강원의 고위 관리보다는 못하지만 상당한 예우를 받았다고 할 수 있다.

입학식에서 왕세자를 인도했던 보덕에게는 가자加資 즉 품계를 올려주는 승진의 혜택이 주어졌고, 성균관의 책임자인 대사성이나 시강원의 필선에게는 아마兒馬 즉 망아지 1필을 지급했으며, 시강원의 하급관리인 익위사 관리에게는 활이 지급되었다. 행사에 참여한 성균관 유생에게는 주로 서적과 문방구가 지급되었다. 성균관 유생의 대표로 스승과 왕세자 사이의 대화를 전달했던 장명將命에게는 『논어』나 『맹자』를, 대성전 작헌례를 도왔던 유생에게는 『중용』과 『대학』을 주었다. 『논어』와 『맹자』는 1질의 분량이 7책 정도가 되지만 『중용』과 『대학』은 각 1책이므로 분량에서 상당한 차이가 있었다. 또한 집사를 담당한 유생에게는 종이, 붓, 먹을 상품으로 주었고, 성균관 하인에게는 쌀이나 베를 주었다. 쌀이나 베는 화폐 대신에 사용할 수 있는 물품이었다.

이와는 별도로 국왕이 특별한 선물을 주는 경우도 있었다. 먼저 국왕이 박사에게 옷이나 옷감을 하사한 경우가 있었다. 1487년성종 18에 입학식이 끝나고 연회가 열렸을 때 성종은 박사를 담당한 서거정1420~1488에게 단자의段子衣 1벌과 표범 가죽 1령을 하사했다. 서거정은 1471년성종 2에 공신으로 달성군達成君에 봉해진 조정의 원로대신이었는데, 왕세자인 연산군의 입학식에서 박사를 맡자 특별하게 예우했던 것이다. 당시 서거정은 일흔 살에 가까운 나이였는데 국왕의 선물을 받은 이듬해에 세상을 떠나고 말았다.

연산군 대에는 국왕이 박사에게 특별한 옷을 하사했다. 1504년연산군 10에 연산군은 김감金勘에게 옷을 지어주고 따로 비단을 하사했는데, 김감은 왕세자의 입학식에서 박사를 담당한 인물이었다. 연산군은 1487년에 있었던 자신의 입학식에서 부친인 성종이 서거정에게 옷을 하사하는 것을 목격했는데, 자기가 다스리던 시기에 입학식을 거행하면서 선왕의 관례를 따른 것으로 이해된다.

승지 이계맹: 옛 사례에 왕세자께서 입학하면 박사에게는 으레 옷을 하사했는데 제용감濟用監, 직물의 진상과 하사 등을 맡아보던 관아에서 지어주도록 할까요?

연산군: 상의원尙衣院, 임금의 의복 등을 맡아보던 관아에서 지어주도록 하라. 김감金勘은 글을 잘하는 사람이니, 유청색柳靑色, 짙은 여름의 버들잎 색과 아청색鴉靑色, 검은빛을 띤 푸른빛 모시를 각 1필씩 더해 주어라."

입학식에서 박사를 담당한 사람의 후손을 우대하는 경우도 있었다. 1772

년영조 28에 영조는 채홍리를 특별히 채용하라고 명령했는데, 이는 그의 선조인 채유후와 관련이 있었다. 채유후는 1652년효종 3에 왕세자 현종의 입학식이 거행될 때 박사를 담당했는데, 이때는 그로부터 2주갑 즉 120주년이 되는 해였다. 영조는 국가의 고사에 해박한 국왕으로 알려졌는데 120년 전의 행사를 따져서 채유후의 후손을 관리로 임명하는 조치를 내렸다.

국왕이 장명으로 활동한 사람의 문집에 서문을 지어주는 경우도 있었다. 1773년영조 49에 있었던 일인데 조귀명1693~1737이 그 주인공이었다. 조귀명은 1722년경종 2에 왕세제로 있던 영조가 입학식을 거행할 때 장명자로 활동했다. 그런데 영조는 조귀명에게 문집이 있고, 탕평론을 주장했으며, 탕평계 대신인 이천보나 원경하와 친하다는 이유를 들어 그의 문집인 『동계집東谿集』의 서문을 지어주었다. 영조는 "포의布衣, 벼슬하지 않은 사람의 문집으로 국왕의 서문을 얻었으니 경상卿相의 존귀함을 대신할 만하다"고 했는데, 조선시대에 국왕의 서문을 받는 일은 조정의 고위 대신조차도 쉽지 않은 일이었다. 영조가 조귀명에게 서문을 지어준 것은 영조가 추진한 탕평책을 그가 적극적으로 지지했기 때문인데, 영조의 입학식 때 장명자로 활동한 것도 한 인연이 되었다.

입학식을 축하하는 과거

입학식이 끝나면 이를 축하하는 경과慶科 별시別試가 치러졌다. 여기서 경과란 국가에 경사가 있을 때 특별히 치르는 과거를 말하며, 별시란 3년마다 정기적으로 치러지는 식년시式年試와 별도로 치러지는 시험을 말한다.

조선시대에는 왕세자의 입학식이 있으면 이를 전후해서 성인식에 해당하는 관례冠禮나 결혼식에 해당하는 가례嘉禮가 연속적으로 거행되었다. 그리고 이처럼 왕세자와 관련된 국가 경사가 연속적으로 있으면 그때마다 별시를 따로 치르는 것이 아니라 몇 가지 경사를 합하여 한 번의 별시를 치르는 것이 관례였다. 가령 1652년효종 3에는 왕세자의 가례와 입학식, 역적을 토벌하는 세 가지 경사가 겹쳤는데 이를 축하하는 증광별시는 한 차례 실시되었다.

그런데 입학식 이후에 별시를 실시하는 것에 대해서는 오랫동안 논란이 계속되었다. 책봉식이나 가례 이후에 별시를 실시한다는 규정은 국가전례서에 분명히 보이지만, 입학식 이후의 별시에 대해서는 규정이 보이지 않았기 때문이다. 1487년성종 18의 일이다. 왕세자 입학식이 거행된다는 소식이 전해지자 지방의 유생들이 대거 서울로 올라왔다. 지금까지의 사례를 볼 때 입학식이 있은 다음에는 반드시 별시가 있을 것이라 예상했기 때문이다. 이 소식을 들은 성종은 신료들의 견해를 물었다.

심회: 왕세자가 입학한 뒤에 선비를 시험하는 것에 대해 신은 옛 전례를 알지 못합니다. 또한 (국왕이) 직접 거행한 사례가 아니므로 별시를 시행할 필요가 없습니다.

한명회 등: 세자가 입학하는 것은 진실로 성대한 일입니다. 또한 많은 선비들이 모였으니 시험을 보여 뽑는 것이 마땅합니다.

노사신: 예로부터 국왕은 어진 이를 구하기를 미치지 못하는 것처럼 했고, 태학성균관은 어진 선비가 있는 곳이기 때문에 국왕의 수레가 행차하여 뛰어난 인재를 발탁했습니다. 그런데 왕세자의 입학이 어찌 국왕의 일과 같은 사례가 되겠습니까?

성종: 현명하고 어진 사람이 있다면 뽑는 것이 무슨 해가 되겠는가? 상당上黨인 한명회의 의논을 따르라.

이때까지는 비록 노사신이 반대를 했지만 전체적인 논의는 별시를 실시하는 쪽으로 기울고 있었다. 그런데 사흘 후에는 분위기가 상당히 달라졌다. 작년에 식년시가 거행되었는데 올해 다시 과거를 보이면 너무 잦다는 지적이 나온 것이다.

김수손 등: 작년의 식년式年에 선비를 뽑았는데 이제 다시 별시를 거행하면 빈번하지 않습니까?

성종: 인재를 기른 뒤에 선발하는 것이 마땅하다. 그렇지만 왕세자가 입

학하기 때문에 외방의 유생들이 모였는데 뽑을 만한 사람이 없겠는가? 해마다 뽑는다고 무슨 상관이 있겠는가?

김수손: 국왕의 수레가 학교성균관에 거둥하면 선비를 뽑는 것이 마땅하나 세자가 입학하는데 어찌 같을 수 있겠습니까?

성종 대에는 별시를 치르자는 쪽과 치르지 말자는 쪽이 팽팽하게 대립하고 있었다. 경사를 축하하는 의미에서는 별시가 있어야 하지만, 과거가 너무 빈번하고 국왕이 직접 행차한 것도 아니므로 차이를 두어야 한다는 것이 반대론자의 견해였다.

그런데 명종 대 이후로는 입학식 이후에 별시를 치르는 것이 관례가 되었다. 다만 별시와 식년시가 겹치게 되면 두 가지 시험을 합하여 한꺼번에 보거나 일단 별시를 거행하고 식년시를 연기하는 방법을 썼다. 가령 1610년광해군 2에 입학식이 있었을 때에는 축하의식과 국왕의 교서를 반포하는 것만 시행하고, 별시는 가을에 있게 될 식년시와 합하는 것으로 결정했다. 1727년영조 3에는 왕세자의 관례와 입학례, 가례가 연속적으로 있었다. 사정이 이렇게 되자 세 가지 행사를 축하하는 별시를 1728년 봄에 한꺼번에 거행하고, 서북지역에서 거행될 예정이었던 별시를 가을로 연기시켰다. 이를 보면 입학식 이후에 별시를 치르기는 하지만 빈번한 과거 일정을 조정하는 방식으로 대응했음을 알 수 있다.

별시에서 선발되는 인원은 시기에 따라 조금씩 차이가 있지만 문과와

무과에서 각각 600인씩 선발하는 것이 관례였다. 문과의 경우에는 세 번의 시험을 치르는 것이 관례였는데, 첫번째 시험인 초장初場에서는 부賦와 표表를 시험하여 문장력을 보았고, 두번째 시험인 종장終場에서는 정책 대안을 제시하는 책문策問을 보았으며, 마지막으로 임금이 친히 나서서 전시殿試를 보았다. 별시의 시험 과목에는 강경講經이라고 하여 유교 경전을 외운 다음 그 뜻을 풀이하는 시험이 있었다. 그런데 인조 대에는 기한이 촉박하다 하여 강경 시험을 면제했는가 하면, 숙종 대에는 강경 시험만으로 합격자를 선발하기도 했다.

무과의 경우에는 영조 대에 들어와 합격 인원을 800인으로 크게 늘렸다. 이는 지역별로 인원이 배정되어 있었는데 서울에는 두 곳에 각 220인, 영남경상도 80인, 호남전라도 80인, 호서충청도 50인, 해서황해도 50인, 관서평안도 50인, 관동강원도 20인, 함경남도 15인, 함경북도 15인으로 배정했다.

왕세자 입학식이 거행된 이후 이처럼 별시를 치른 것은 사대부 층에게 혜택을 주는 조치였다고 할 수 있다.

사면을 받는 백성들

왕세자 입학식이 거행되면 일반 백성들에게는 사면령의 혜택을 주었다. 왕세자가 성장하여 성균관에서 입학식을 거행하는 것은 국가의 경사이므로 기쁨을 모든 백성들과 함께 나눈다는 취지에서였다. 사면령의 내용은 대체로 사면령이 내려지던 날의 새벽을 기준으로 해서 그 이전까지의 범죄를 사면해주는 것이었다. 다만 국가의 기강이나 강상綱常 윤리에 관계된 범죄이거나 뇌물, 강도, 절도 등의 범죄를 저지른 죄인은 사면 대상에서 제외되었는데, 이들은 죄질이 나쁘다고 보았기 때문이다.

1504년연산군 10 3월에 연산군은 왕세자 이황의 입학례를 치르고 나서 백성들에게 사면령을 내렸다.

> 세자 황의 나이가 점점 자라 학문이 날로 성취된다. 지금 입학하여 나이에 따라 사양하는 예의를 가르쳐 스승을 존경하고 도리를 중하게 여기는 뜻을 알게 하였으니, 만세토록 태평한 기반을 여는 것이 바로 지금부터 시작된다. 국가의 경사가 이보다 더 큰 것이 무엇이겠는가? 이번 달 4일 동트기 이전부터 국가의 강상綱常, 뇌물, 강도, 절도에 관계되는 죄 이외에는 모두 용서하여 놓아주라.

영조 대에는 모두 세 번의 입학식이 거행되었는데 그때마다 전국에 사면령이 내려졌다. 다음은 1742년영조 18에 있었던 장헌세자장조의 입학식에서 영조가 내린 교서이다.

> 어린 자식에게 원량元良, 황태자나 왕세자를 이르는 말의 책임이 있으니 이

미 왕세자의 높은 자리에 있었고, 태학성균관에 들어가 『소학』의 글을 배우니 삼대三代, 고대 중국의 하夏·은殷·주周의 제도를 따라서 거행하였다. 이는 나 한 사람의 사사로운 기쁨이 아니라 사방 사람들과 함께 아름답게 여길 일이다. …… 지금이 어떤 때이던가? 진실로 예전에 없던 경사로구나. 나의 마음은 이미 기쁨에 넘쳐 있으니, 여러 사람들이 모두 즐거워하는 것을 볼 수 있다. 오늘 새벽부터 그 이전의 잡범들은 죽을죄 이하의 죄를 지은 사람 이하는 모두 용서하여 죄를 면제해주어라. 그리고 벼슬이 있는 자는 각각 한 품계를 올려주되 자궁資窮인 사람은 대가代加를 하도록 한다.

이를 보면 영조는 입학식에 참석한 관리들의 품계를 올려주었는데 자궁資窮 즉 품계가 한계에 이르러 더이상 올라갈 수 없는 사람의 경우에는 대가代加라고 하여 자식, 조카, 사위와 같은 가족들의 품계를 대신 올려주었다. 아울러 백성들 중에서는 죽을죄를 지은 경우가 아니면 모든 죄를 용서해주었다. 왕세자 입학식은 이처럼 많은 사람에게 혜택을 내려줄 정도로 중요한 의미가 있는 국가적 경사였기 때문이다.

6

왕세자 입학식의 의미

왕세자 입학식은 후계자 교육으로서의 의미도 있었다. 궁중에서 편안하게 자라던 왕세자가 성균관이라는 낯선 장소에 가서 복잡한 의식을 거행하고 스승 앞에서 무릎을 꿇고 수업을 받는 것은 여러가지로 고역이었을 것이다. 조선의 국왕들이 입학식의 절차를 의논하면서도 가능하면 그 시기를 늦추려 하고, 측근 신하를 보내어 보좌하게 했으며, 왕세자도 책상을 사용할 수 있게 하려고 노력했다. 이는 아버지의 입장에서 아들이 겪게 될 어려움을 조금이나마 덜어주기 위해서였다. 그러나 입학식은 유교 경전에 분명한 근거가 있었고 왕세자는 스승에 대한 존경과 연장자에 대한 예우를 반드시 실천해야만 했다.

冠禮前賓客講讀

冠禮後宮官講讀

世子前受音釋誦讀後賓客

告牲賓客不叅上番告牲

지금까지 조선시대에 왕세자가 거행했던 입학식의 다양한 모습을 살펴보았다. 그러면 조선 왕실에서 왕세자 입학식을 이처럼 성대하게 거행한 이유는 무엇일까?

다음은 1722년경종 2 9월에 왕세제 영조의 입학식이 끝난 후 경종이 반포한 교서의 일부이다. 입학식 때 나오는 국왕의 교서는 입학식을 주관한 박사가 작성하는 것이 관례인데, 이때는 대제학 조태억이 박사를 담당했다.

왕세제가 성균관의 대문에 이르러 가마에서 내렸다. 먼저 성사聖師, 공자를 배알했고, 다음으로 스승에게 예를 올리니 그 지위를 낮추어 유생과 같았다. 이미 물 뿌리고 빗자루로 쓸며 어른에게 응대하는 절차가 있는 『소학』을 배울 나이를 넘겼으므로, 지금 수신修身·제가齊家·치국治國·평천하平天下의 요체가 담긴 성인의 도리를 강의했다. 이는 진실로 '한 가지 일을 실천하여 세 가지 선善을 이루는 것'인데 역대 국왕을 거치며 겨우 아홉 번 있는 일이었다. 의리는 인륜을 밝히는 데 있고 경사로운 일은 세상에 드문데, 의식의 절차를 잘 구비하여 서울이나 지방에서 함께 기뻐했다. 어찌 한 때의 구경꾼만 움직이게 할 뿐이겠는가? 혜택을 천하에 미치게 해야 할 것이다.

조태억이 작성한 교서의 요지는 다음의 몇 가지로 요약할 수 있다.

- 성균관에 도착하여 가마에서 내렸다.
- 문묘대성전에서 공자를 배알했다.
- 스승에게 예를 올렸는데 그 지위가 성균관 유생과 같았다.
- 『소학』의 가르침과 『대학』의 가르침.
- 한 가지 일을 실천하여 세 가지 선을 이룬다.

왕세자도 성균관 유생이다

먼저 '성균관에 도착해 가마에서 내렸다'는 의미는 무엇일까? 이는 왕세자를 비롯한 입학자가 일단 성균관에 도착하여 학생복으로 갈아입고 나면 왕위 계승자로서의 특권이 사라지는 것을 의미한다. 왕세자가 궁궐을 나와 이동할 때에는 가마를 타고 이동했다. 물론 강무講武라 하여 군사훈련을 할 때에는 가마가 아니라 말을 탔지만 왕세자가 평상시 이동할 때에는 반드시 가마를 이용했다. 그리고 왕세자가 궁궐에서 성균관 사이를 오갈 때에는 왕세자의 앞뒤로 수많은 호위 군사와 화려한 의장이 수행하는 행렬이 이어졌다. 장차 왕위를 계승할 후계자로서의 위상을 보여주는 성대한 행렬이었다.

그런데 성균관에서 입학식이 거행되는 동안 왕세자의 수행원들은 성균관 건물 밖에서 대기해야만 했다. 아예 행사장 안으로 들어갈 수조차 없었다는 말이다. 1761년영조 37에 영조는 왕세자의 수행원들이 성균관의 문밖에서 멈추는 것은 연장자에게 자리를 사양하는 예임을 강조하고 입학례의 의주에 이를 분명하게 기록하라고 명령했다.

입학식에서는 왕세자를 따르는 수행원은 물론이고 국왕의 신임을 받는 조정의 대신이나 환관도 행사장 안으로 들어갈 수 없었다. 성균관이란 장소는 성균관에 소속된 관리와 유생 들이 모든 권한을 주도하는 특별한 공간이기에 성균관 측에서 제지한 것이다. 입학식이 거행되는 동안 왕세자는 성균관 유생들의 도움을 받아 의식을 거행하고 성균관 소속의 관리에게 교육을 받는 한 명의 유생에 불과했다.

스승을 높인다

'문묘에서 공자를 배알했다'는 것은 결국 존사尊師, 즉 스승을 높인다는 의미이다. 다음은 『예기』 「학기學記」편에 나오는 내용이다.

학문을 할 때는 스승을 존경하는 것이 가장 중요하다. 스승을 존경한 다음에 도가 높아지고, 도가 높아진 다음에 백성들이 학문을 공경하게 된다. 이 때문에 국왕이 그의 신하를 신하로 대우하지 않는 경우가 두 가지 있다. 제사 때의 시동尸童을 신하로 대우하지 않으며, 스승을 신하로 대우하지 않는다. 태학에서의 예법은 비록 천자에게 고할 때에도 북면北面, 천자나 국왕이 있는 북쪽을 바라보고 보고함을 하지 않으니 스승을 높이기 때문이다.

『예기』의 글을 보면 모든 사람이 국왕의 신하이지만 국왕이 신하로 대접할 수 없는 경우가 두 번 있다. 하나는 제사를 지낼 때의 시동인데, 제사에서 시동은 조상의 신주를 대신해 앉아 있기 때문에 조상과 같은 의미를 가진다. 다른 하나가 바로 국왕의 스승인데, 스승은 국왕의 신하이기는 하지만 함부로 대접할 수 없는 존재였다. 이를테면 왕세자가 대리청정을 할 때에는 국왕에 필적하는 지위에 있으므로, 모든 신하들이 절을 올려도 왕세자는 답례를 하지 않았다. 그렇지만 스승에 대해서는 반드시 답례를 하도록 규정되어 있었는데, 대리청정을 할 때에도 스승에 대한 예우는 무시할 수 없었기 때문이다.

그런데 문묘대성전의 중앙에 모셔진 공자는 바로 만세의 스승으로 존경을 받는 인물이었고, 입학식을 거행하는 왕세자는 공자에게 술잔을 올림으로써 공자로부터 이어져내려온 유학의 도통을 계승하겠다는 의지를 표현했다. 물론 문묘의 작헌례는 왕세자의 입학식 때만 거행하는 의식은 아니었다. 조선의 국왕이나 왕세자가 성균관을 방문하면 제일 먼저 대성전에서 작헌례를 거행하여 만세의 스승인 공자에 대한 존경을 표시했다.

'스승에게 예를 올렸는데 지위가 유생과 같았다'는 것은 스승을 높이는 것과 함께 연장자를 우대하여 자리를 양보하는 예를 실천했다는 것이다. 왕세자나 왕세손은 장차 왕위를 계승할 후계자이지만, 성균관에서는 나이 순으로 자리에 앉는 장유유서長幼有序의 윤리를 실천하는 모범을 보여야 했다.

성균관에서 나이 순으로 앉는 규정에 대해 흥미로운 일화가 있다. 1574년선조 7에 성균관에서 연장자를 우대하는 규정이 정해지자, 이해수가 이의를 제기했다.

이해수: 성균관 안에서 나이 순대로 앉는 것은 적합하지 않습니다. 민간에서는 동시에 합격한 사람 중에서 장원수석을 존경하는 것이 풍속인데 어떻게 좌석을 뒤바꿀 수가 있겠습니까?

이이: 장원을 높이는 것은 동시에 합격한 사람들의 모임에서나 시행하는 것입니다. 성균관은 인륜을 밝히는 곳인데 어떻게 장유유서를 폐지할 수 있겠습니까. 또 장원이 어떻게 왕세자보다 높겠습니까? 옛날에 왕세자가 입학하면 나이 순으로 앉았으니 장원은 따질 만한 것이 못 됩니다.

이이는 성균관은 연장자를 우대하는 장유의 도리를 실천하는 공간이고 왕세자도 이 윤리를 실천하므로 성적순으로 자리를 정하는 것은 합당치 않다고 주장했다. 성균관에서 거행되는 입학식에서는 왕세자가 아무리 존귀한 신분일지라도 연장자를 우대하는 도리를 지켜야 한다는 것이 당시 사람들에게는 불변의 철칙이었다.

『소학』 교육에서 『대학』 교육으로

'『소학』의 가르침과 『대학』의 가르침'은 교재에 따른 가르침을 의미한다. 앞에서는 입학자가 스물아홉 살이나 되는 왕세제였기 때문에 수기修己, 자신을 수양함와 치인治人, 다른 사람을 다스림의 학문인 『대학』을 교재로 사용했다. 그렇지만 대부분의 입학식에서는 입학자가 열 살 전후였으므로 쇄소灑掃, 물 뿌리고 빗자루로 마당을 씀·응대應對, 부르는 소리에 응답함·진퇴進退, 나아가고 물러감의 예절을 강조하는 『소학』이 교재였다.

조선시대에는 기본적인 생활 예절을 강조하는 『소학』의 가르침을 확대하면 결국에는 치국하고 평천하하는 『대학』에 이른다고 생각했다. 따라서 입학식에서 『소학』을 가르치는 것은 장차 성인의 학문이자 치자治者의 학문인 『대학』 교육으로 나아가기 위한 첫걸음이었다고 하겠다.

『소학』 교육이 『대학』 교육으로 나아가는 첫걸음이라는 생각은 영조의 발언에서도 나타난다. 다음은 1742년영조 18 장헌세자의 입학식 때 영조가

한 말이다.

어린 아들이 맏아들로서의 책임을 가지고 이미 왕세자라는 존귀한 자리에 있다. 태학에 들어가 『소학』 책을 배우는 것은 삼대三代의 제도를 따르는 것으로, 이는 나 개인의 기쁨일 뿐만 아니라 사방의 사람들과 그 즐거움을 함께하는 것이다. 쇄소하고 응대하는 것을 미루어 치국 평천하하는 경지에 이를 수 있으며, 박학博學, 널리 배움·심문審問, 자세히 물음·심사深思, 깊이 생각함·명변明辯, 분명하게 판별함을 이루어 정일집중精一執中, 마음을 정밀하게 하나로 하여 그 중용을 붙잡음의 심법心法을 계승하게 된다.

1881년고종 18에 영의정 이최응도 이와 비슷한 취지의 발언을 했다.

『소학』이란 책은 바로 『대학』의 수신제가 치국평천하하는 근본이 됩니다. 이 때문에 우리의 역대 선왕들은 스승에게 나아가는 서연이나 경연이 있을 때마다 이 책을 먼저 강의했습니다.

왕세자 입학식에서 『소학』을 강의하는 것은 장차 『대학』을 공부하기 위한 바탕을 만들기 위해서였다.

세 가지 윤리를 실천하는 효과

'한 가지 일을 실천하여 세 가지 선을 이루는 것'은 『예기』「문왕세자」편에 나오는 구절이다. 여기서 세 가지 선이란 부자父子의 윤리, 군신君臣의 윤리, 장유長幼의 윤리를 말하는데, 왕세자는 입학식이라는 의식을 통해 이러한 윤리를 실천하게 된다. 그러면 이를 지켜보던 백성들은 왕세자의 행동을 모범으로 삼아 자신들도 오륜五倫으로 표현되는 윤리를 실천하도록 자극을 받게 된다는 것이다.

조선 왕실에서는 입학식을 거행할 때마다 『예기』의 이 구절을 인용했다. 입학식을 거행하는 왕세자가 공자를 비롯한 성현을 공경한다는 의미에서 술잔을 올리고, 스승인 박사에게는 제자로서의 예를 갖추고 성균관의 유생이라는 위치에서 교육을 받음으로써 백성들에게는 파급 효과가 나타나기를 기대했기 때문이다.

다음은 입학식의 효과를 언급한 정조의 발언이다.

> 삼대 때에는 일반 백성 가운데 뛰어난 자들이 천자의 원자元子와 함께 나이 순으로 앉았으니, 천자의 원자가 우리나라의 사대부들만 못해서 그랬겠는가? 또 우리나라의 전례典禮로 말하더라도 세자가 성균관에 입학할 때에는 유생의 관冠과 복식 차림으로 여러 유생들과 마주서서 세 번 읍을 하였으니, 이는 한 가지 일로써 군신, 부자, 장유라는 세 가지 좋은 도리를 알

게 하기 위해서이다.

오늘날의 우리로서는 국왕을 계승할 존귀한 지위에 있는 왕세자가 입학식에서 성균관의 유생과 동등한 대우를 받고 스승에게 깍듯한 예를 올리는 장면을 상상하기가 어렵다. 그러나 조선시대 사람들은 왕세자가 일상생활에서 실천해야 하는 윤리의 시범을 보이면 백성들이 이를 따라서 하며 왕세자가 자신을 낮추면 낮출수록 교육 효과는 더 커진다고 생각했다.

왕세자 입학식은 후계자 교육으로서의 의미도 있었다. 궁중에서 편안하게 자라던 왕세자가 성균관이라는 낯선 장소에 가서 복잡한 의식을 거행하고 스승 앞에서 무릎을 꿇고 수업을 받는 것은 여러 가지로 고역이었을 것이다. 조선의 국왕들이 입학식의 절차를 의논하면서도 가능하면 그 시기를 늦추려 하고, 측근 신하를 보내어 보좌하게 했으며, 왕세자도 책상을 사용할 수 있게 하려고 노력했다. 이는 아버지의 입장에서 아들이 겪게 될 어려움을 조금이나마 덜어주기 위해서였다. 그러나 입학식은 유교 경전에 분명한 근거가 있었고 왕세자는 스승에 대한 존경과 연장자에 대한 예우를 반드시 실천해야만 했다. 조선의 국왕들은 이런 방식을 통해 후계자를 단련시키는 동시에 백성들에게 모범을 보여 그들을 교화하는 효과가 있다고 믿었다.

입학식이라는 제도에 대해서는 유교 경전인 『예기』에 기록이 나타나지만, 중국에서는 양나라와 당나라를 제외하면 더이상 시행되지 않았다. 당나라 이후 중국의 황실에서는 입학식이 사라져버린 것이다. 그러나 조선의 왕실에서는 태종 대부터 고종 대까지 꾸준히 입학식을 거행했고, 입학식과 관련되는 규정도 점차 정비해나갔다.

왕세자 입학식은 중국에서 시작됐지만 이를 제대로 실천한 것은 조선이었다. 조선은 유교식 전례를 적극적으로 수용하면서도 조선의 현실에 맞게 이를 조정했으며, 자신들이 유교식 전례를 제대로 실천한다는 데 문화적 자부심을 느꼈다. 따라서 왕세자 입학식은 조선시대의 특징적인 국가 전례이자 다양한 교육 목적을 가진 왕실 행사였다고 하겠다.

참고문헌

『경국대전經國大典』.

『속대전續大典』.

『대전회통大典會通』.

『국조오례의國朝五禮儀』.

『속오례의續五禮儀』.

『춘관통고春官通考』.

『시강원지侍講院志』.

『육전조례六典條例』.

『춘방고사春坊故事』.

『조선왕조실록朝鮮王朝實錄』.

『고종순종실록高宗純宗實錄』.

『주자가례朱子家禮』.

김문식·김정호, 『조선의 왕세자 교육』, 김영사, 2003.

김문식·신병주, 『조선왕실 기록문화의 꽃, 의궤』, 돌베개, 2005.

김용숙, 『조선조 궁중 풍속 연구』, 일지사, 1987.

박정혜, 『조선시대 궁중기록화연구』, 일지사, 2000.

박정혜·이예성·양보경, 『조선 왕실의 행사그림과 옛지도』, 민속원, 2005.

신명호, 『조선 왕실의 의례와 생활, 궁중문화』, 돌베개, 2002.

육수화, 『조선시대 왕실교육』, 민속원, 2008.

'키워드 한국문화'는 한국의 역사와 문화를 재발견하는 작업이다. 한국문화의 정수를 찾아 그 의미와 가치를 정리하는 일이다. 한 장의 그림 또는 하나의 역사적 장면을 키워드로 삼아, 구체적인 대상을 통해 한국을 찾자는 것이다. 처음 소개되는 것도 있을 것이고, 잘 알려져 있더라도 이제야 그 진면목이 드러나는 것도 있을 것이다. 영상과 멀티미디어에 익숙한 현대적 감각에 맞추어 시청각자료를 풍부히 활용하고자 했다. 우리 것이니 당연히 알아야 한다는 의무감에서가 아니라, 같은 땅에 살았던 사람들의 삶의 이야기를 조근조근 들려주어 자연스레 책을 펼쳐볼 수 있게 했다. 이로써 멀게만 느껴졌던 인문학과 독서대중의 간극을 좁히고자 했다.

한국문화를 전혀 모르는 사람들에게나, 어렴풋이 알고 있다고 생각하지만 선입관에 사로잡힌 사람들에게, 또 좀더 깊이 알고자 하지만 길을 찾지 못하는 사람들에게 '키워드 한국문화'는 좋은 안내자가 될 것이다. 한국이 어떤 나라인지 묻는 외국의 벗에게 이 책 한 권을 건넴으로써 대답을 대신할 수 있을 것이다. 책이 한 권 한 권 간행될수록 한국문화의 특징과 아름다움이 더욱 선명히 모습을 드러내리라 믿는다. 책으로 만든 '한국문화 특별전시관'의 완공을 손꼽아 기다린다.

키워드 한국문화 기획위원

김문식, 박철상, 신수정, 안대회, 정병설

키워드 한국문화 4
왕세자의 입학식

초판 인쇄 | 2010년 1월 1일
초판 발행 | 2010년 1월 8일

지은이 김문식
펴낸이 강병선

책임편집 구민정 임혜지 최지영 오동규 | 독자모니터 김화영
디자인 엄혜리 한충현 김민하
마케팅 방미연 우영희 | 제작 안정숙 서동관 김애진

펴낸곳 (주)문학동네
출판등록 1993년 10월 22일 제406-2003-000045호
주소 413-756 경기도 파주시 교하읍 문발리 파주출판도시 513-8
전자우편 editor@munhak.com | 대표전화 031)955-8888 | 팩스 031)955-8855
문의전화 031)955-8889(마케팅) 031)955-2671(편집)
문학동네카페 http://cafe.naver.com/mhdn

ISBN 978-89-546-0994-4 04900
978-89-546-0990-6 04900 (세트)

* 이 도서의 국립중앙도서관 출판시도서목록(CIP)은 e-CIP 홈페이지(http://www.nl.go.kr/ecip)에서
이용하실 수 있습니다.(CIP제어번호: CIP2009004123)

www.munhak.com